F.W.E. Roth

Das Gebetbuch der hl. Elisabeth von Schönau

Nach der Originalhandschrift der XII. Jahrhunderts

F.W.E. Roth

Das Gebetbuch der hl. Elisabeth von Schönau
Nach der Originalhandschrift der XII. Jahrhunderts

ISBN/EAN: 9783743690738

Hergestellt in Europa, USA, Kanada, Australien, Japan

Cover: Foto ©Lupo / pixelio.de

Weitere Bücher finden Sie auf **www.hansebooks.com**

O miserabile & omni lamentatione dignum spectaculum.

Ubi nunc amici tui diu bone, qui te consolari debuerant. Ecce omnes fugerunt, & te solum in tribulatione reliquerunt. Ecce torcular crucis calcasti solus, & nullus viri de tuis qui te

DAS GEBETBUCH

DER

HL. ELISABETH VON SCHÖNAU.

NACH DER ORIGINALHANDSCHRIFT DES XII. JAHRHUNDERTS

HERAUSGEGEBEN

VON

F. W. E. ROTH.

Ein Beitrag zur Geschichte der Liturgie, Musik und Malerei.

Mit Nachträgen des Herausgebers Werk:
Die Visionen der heil. Elisabeth und die Schriften der Aebte
Ekbert und Emecho von Schönau.

AUGSBURG.
VERLAG DES LITERARISCHEN INSTITUTS VON DR. MAX HUTTLER.
1886.

REVERENDISSIMIS
AC REVERENDIS PATRIBUS
ORDINIS S. BENEDICTI
HOC DEVOTIONALE FOELICIS
ELISABETHÆ SCHONAUGIENSIS
MAGISTRÆ SORORUM EIUSDEM ORDINIS DIGNISSIMÆ.

DEVOTISSIMUS EDITOR VOVET.
D. D. D.

VORWORT.

achdem ich im Jahre 1884 in meinem Buche: „Die Visionen der hl. Elisabeth und die Schriften der Aebte Ekbert und Emecho von Schönau" den grössten Theil der Schriften Ekberts und die Werkchen Emecho's aus dem sogenannten Gebetbuch der heiligen Elisabeth von Schönau veröffentlicht, blieb noch ein kleinerer Rest, bestehend in Gebeten, die theilweise von Abt Ekbert herrühren, in Hymnen mit Musiknoten (Neumen) und die beachtenswerthen Miniaturen der Veröffentlichung übrig. Die Gebete sind liturgisch bedeutungsvoll, sehr erhaben, zudem theilweise als Arbeiten Ekberts von Interesse, die Hymnen mit den Neumen nach Ansicht von Kennern, besonders des Musikschriftstellers Herrn Domorganisten Hermersdorf in Trier, für Geschichte der Musik wichtig. In der vorliegenden Arbeit ist der Rest des Originalcodex in dieser Beziehung zum Abdrucke gebracht und rechnet der Herausgeber auf gleiches Interesse, namentlich Seitens des Benedictinerordens, das so allseitig den „Visionen der hl. Elisabeth" zu Theil ward. Die Gebete stehen mit den Visionen in mannigfacher Beziehung und erläutern manche Stelle derselben. Es ist wohl an der Zeit, auch Gebete älteren Ursprungs zu veröffentlichen, besonders da hier Originalarbeiten für Schönau vorliegen.

Der Text ist mit grösster Genauigkeit doch unter Weglassung des geschwänzten e bearbeitet, die Facsimile's selbst sind höchst genau gezeichnet. Die Ausbeute von Text und Musik überlasse ich den Fachgelehrten. Die in dem Codex angewandte Notenschrift gibt keinerlei Tonart an, hat aber für Geschichte der Musik Werth, da Aufzeichnungen in dieser Schrift gerade nicht besonders viele auf uns gekommen sind, sie ist ein Beweis, dass die Pflege der Musik im Benedictinerorden in hoher Blüthe stand und derselbe die alten Traditionen der Notenschrift lange bewahrte, als bereits das Guidonische Notensystem allseitig bekannt geworden war.

Frankfurt a. M., im September 1885.

F. W. E. ROTH.

Beschreibung des Codex.

as Gebetbuch der hl. Elisabeth von Schönau ist ein kleiner Octavband von 168 Blättern Pergament, von mehreren Händen des 12. Jahrhunderts geschrieben. Den Codex kaufte ich im November 1879 als „Gebetbuch der hl. Elisabeth" von Kunsthändler Lempertz in Köln, der sich an den Ort des Ankaufs und den früheren Besitzer desselben nicht mehr erinnert. Nach einem Eintrag *Folio 1ᵣ* stammt der Codex aus Schönau und ward jedenfalls bei der Säcularisation des Klosters verschleppt. Derselbe gelangte nach der Aufhebung des Nonnenklosters Schönau (1606) an das gleichnamige Männerkloster Benedictiner-Ordens. Dem Inhalte nach ist der Codex ein Sammelband, dessen Vereinigung aus mehreren Theilen im 15. ausgehenden oder 16. angehenden Jahrhundert stattgefunden haben dürfte. Ein Eintrag einer Hand des 16. Jahrhunderts auf dem Deckblatt des Vordeckels bezeichnet den Band als „devocionale felicis Elisabet virginis" ebenso ist im Seelbuch zum 18. Juni das Buch als „devocionale Elisabeths" von einer Hand des 16. Jahrhunderts bezeichnet. Die Bollandisten sahen 1690 bei ihrer Anwesenheit in Schönau dieses Buch, hielten dasselbe aber nicht für das wahre Gebetbuch Elisabeths, sondern nur für eine spätere Abschrift desselben, indem dieselben das Alter der Schrift verkannten. Der ganze Codex gehört aber unbezweifelt dem 12. Jahrhundert an. Dieses geht aus der Schrift, sowie dem Umstande hervor, dass die Initialen des Ms. mit dem Codex Nr. 3 der Wiesbadener Landesbibliothek (Visionen Elisabeths) einen Malcharakter haben und von der gleichen Hand herrühren.

Der Inhalt des Codex ist folgender:

1. *Folio* 1ᵛ — 7ʳ das in den Studien und Mittheilungen aus dem Benedictiner- und dem Cistertienserorden Jahrgang 4, (1883) gedruckte Seelbuch des Nonnenklosters Schönau. 12. Jahrhundert.
2. *Folio* 7ᵛ die drei Lobgesänge: Gloria mulierum etc., Virgo immaculate etc. und Virgo electe von einer Hand des 12. Jahrhunderts. *Folio* 8ʳ von gleicher Hand ein Lobgesang: Flores rosarum und ein anderer: Ad honorem Cherubin et Seraphin, alle erhaben schön und jedenfalls von Abt Ekbert herrührend.
3. *Folio* 8ᵛ: ein Lobgesang: Astra matutina etc., der auf *Folio* 10ʳ schliesst, Hand saec. 12, die auch die vorigen Lobgesänge schrieb. Der Text von *Folio* 10ʳ ist von einer Hand des 15. ausgehenden oder 16. anhebenden Jahrhunderts, die den alten Schriftcharakter des 12. Jahrhunderts nachzuahmen suchte. Das Blatt 10 ist später eingesetzt, da die Rückseite eine Miniatur deckt, die im 15/16 Jahrhundert, dem Malereicharakter nach, entstanden sein dürfte, als der Codex neu gebunden ward. Oberhalb der Miniatur stehen die Worte: Auf Elisabeth (roth). Bonus es domine deus et bonitas tua omnem intellectum et estimationem exuperat. Suavis es domine deus et dulcedini tue assimilari quid poterit? Unterhalb: Sanctum et exultatio spiritus mei tu es. Die Miniatur stellt Gott Vater in grünem Unterkleide mit rothgefüttertem blauen fliegenden Mantel dar, auf braun-grünem-bronce Untergrund, wie er eine nackte Frauensperson (Elisabeth), die bis zu den Hüften im Wasser steht, an der Rechten fasst und mit der Rechten segnet, unten die untergehende Sonne. Malerei effectreich, aber wenig ausgeführt und gelungen in der Zeichnung der Frauensperson, deren Arme missbildet erscheinen, der Faltenwurf gut.
4. *Folio* 11ʳ; Ein Lobgesang auf das hl. Kreuz, von Ekbert, gedruckt in Roth, Elisabeth p. 311.
5. *Folio* 11ᵛ: Eine Lobrede auf den hl. Iohannes. Salve o amantissime etc. Andere Hand des 12. Jahrhunderts als in dem Vorhergehenden, schliesst *Folio* 13ʳ. Jedenfalls Arbeit Ekberts. Es reiht sich von gleicher Hand an *Folio* 13ᵛ ein

Lobgedicht auf Maria nach *Folio* 98ʳ des Codex in Roth, Elisabeth p. 286—87 etwas abweichend gedruckt und deshalb mit dem hier vorhandenen, dort aber fehlenden Schlusse: Gaude sancta etc. wiederholt, während der Schluss auf *Folio* 99 hier fehlt. Es reiht sich von gleicher Hand an eine Oratio ante eucharistiam, ebenfalls Ekberts Arbeit. Der Schluss fehlt, da hier ein Blatt ausgefallen ist, oder der Rest stand auf *Folio* 16ʳ, ward aber bei Anfertigung der Miniatur auf *Folio* 16ᵛ abgerieben, wie die Schriftspuren noch zeigen. Auch auf *Folio* 16ᵛ, oberhalb der Miniatur ist die Schrift mit Bimsstein abgeschliffen worden. Die Miniatur selbst stellt auf braun-grün-bronce Grund Gott Vater in grünem Untergewande und rothgefüttertem violetten Mantel dar, den Scepter in der Linken, mit der Rechten eine knieende Frauensperson (Elisabeth?) in gelbgefüttertem blauen Mantel und mit gefaltenen Händen krönend, über der Scene der hl. Geist in Gestalt der Taube. Effectreiche Malerei des 15/16 Jahrhunderts, gut ausgeführt, namentlich der Faltenwurf gelungen.

6. *Folio* 17ʳ: Ein Officium: De sancta trinitate. Vielfach nur die Anfänge der Lesungen zwischen Presbiter und Accolith enthaltend und durch die Zeichen *P.* und *A.* unterschieden, erstere in grösserer, letztere in kleinerer Schrift. Ob dieses ein altes Officium der Trierer Diöcese oder eine Arbeit Ekberts ist, wage ich nicht zu entscheiden, in den gedruckten liturgischen Büchern der Diöcese Trier fand ich den Text nicht vor, wohl aber ist in dem Schreiben, das Abt Ekbert an die Nonnen von St. Thomas bei Andernach über die Umstände des Todes Elisabeths richtete, eine Stelle aus diesem Officium als von Elisabeth auf dem Todesbette gebetet, vorhanden und in Roth, Elisabeth p. 274 mit gesperrter Schrift ausgezeichnet. Das Officium war demnach zu Elisabeth's Zeiten schon in Schönau im Gebrauche. Vergegenwärtigen wir uns aus Elisabeths Visionen die hohe Verehrung, die dieselbe zu der hl. Dreifaltigkeit besass und noch auf dem Todesbette übte, so ist es leicht möglich, dass dieses Officium eine Eigenthümlichkeit Schönau's war und Ekbert zum Verfasser hat. Der Text beruht auf Lesungen der hl. Schrift. Für die Geschichte der Liturgik des

12. Jahrhunderts durfte das Stück jedenfalls Werth haben. Von gleicher Hand reiht sich Mitte von *Folio* 21ʳ an eine Oracio ad sanctam Mariam, *Folio* 22ᵛ eine gleiche, *Folio* 23ʳ eine dritte und *Folio* 23ᵛ die Confessio sancti Augustini, Alles von einer Hand des 12. Jahrhunderts sehr schön geschrieben. Die Gebete auf Maria dürften dem Stile nach von Abt Ekbert herrühren, dieselben zeichnen sich durch Erhabenheit aus.

7. *Folio* 25ʳ: Eine Oratio de s. Trinitate, gedruckt in Roth, Elisabeth p. 339. *Folio* 26ᵛ eine Lobrede: Ad s. Iohannem b. (aptistam); *Folio* 28ʳ: eine solche: de s. Laur (entio) et Vinc (entio), eine weitere: Item de s. Laur (entio) et Vinc (entio), sämmtlich von einer festen Hand saec. 12. in grösserer Buchschrift als die vorhergehenden Stücke sub 1—6. Sämmtlich von Ekbert und in Roth, Elisabeth p. 323, p. 329, 329—333 gedruckt.

8. *Folio* 33ᵛ: Ein Werkchen Ekberts: Salutatio ad infantiam salvatoris nostri (roth), gedruckt Roth, Elisabeth p. 320—322. Von gleicher Hand wie 7.

9. *Folio* 37ʳ: Ein Werkchen Ekberts: Meditatio cuiusdam hominis de Ihesu (roth), gedruckt ibid. 287—293. Von gleicher Hand. *Folio* 42ᵛ: eine Miniatur. Angefügt ist auf *Folio* 45ᵛ an dieses Werkchen von der nämlichen Hand ein Gebet: Pro amico oratio, gedruckt Roth, a. a. O. p. 341, ein Gebet: De spiritu sancto, ibid. 333, in Gestalt einer Lobrede, jedenfalls von Ekbert herrührend; eine Lobrede in annunt (iatione) s. Marie auf *Folio* 47ᵛ, gedruckt ibid. p. 325; eine solche: In tempore dominice passionis, gedruckt ibid. p. 325; eine weitere: In assumptione domine nostre Oratio, gedruckt ibid. p. 327, schliessend auf *Folio* 54ᵛ. Alles von Blatt 25ʳ bis Blatt 54ᵛ ist von einer Hand des 12. Jahrhunderts geschrieben und hat Ekbert zum Verfasser. Blatt 55ʳ ist leer, die Schrift ist abgeschliffen, Blatt 55ᵛ deckt eine Miniatur des 15/16 Jahrhunderts: Mariä Verkündigung. Gutes spätgothisches Gemälde.

10. *Folio* 56ʳ: Ein Lobgedicht: Letare Israel etc., von einer Hand des 12. Jahrhunderts.

11. *Folio* 56ᵛ—92ʳ: Die Psalmen 1—150, aber nur die Anfänge der einzelnen Verse, da die Betenden solche aus-

wendig wussten, wenn sie den Anfang lasen. Die Schrift ist hier ausserordentlich fein, stark abgekürzt, aber sehr regelmässig, jeder Vers fängt mit einem rothen grossen Buchstaben an; die geschmackvollsten Initialen in Roth und Blau beim Anfang der einzelnen Psalmen zieren den Text, der in drei Abschnitte von Psalm 1—50, 51—100, 101—150 getheilt ist und deren jeden ein grösserer Initial in Roth, Blau, Grün und Gold eröffnet. Auf die Psalmen folgen mehrere andere Stücke, wie im Texte zu sehen; *Folio* 91ᵛ am unteren Rande steht in Majuskeln von einer Hand, die die Psalmen schrieb: Maria nomen amabile, simile scintille ardenti, nescio quid habet incendentis energie in cordibus suis.

12. Eine Oratio pro peccatis *Folio* 92ᵛ, von anderer Hand als 11 und alle vorhergehenden Theile in glänzend schwarzer Tinte. Es schliesst sich hieran an *Folio* 94ᵛ ein Gebet: pro familiaribus, von gleicher Hand. — Blatt 95ʳ ist die Schrift abgeschliffen, Blatt 95ᵛ deckt eine Miniatur von geringem Kunstwerth, 15/16 Jahrhundert, die Taufe Christi im Jordan vorstellend.

13. *Folio* 96ʳ folgen: Salutacio Eckeberti abbatis de s. (ancta) c. (ruce), (roth), gedruckt in Roth, Elisabeth p. 284. — *Folio* 98ʳ, dessen Salutacio E. ad s. (anctam) M. (ariam) gedruckt ibid. p. 286, — dem gleichartigen Stücke *Folio* 13ᵛ bis 14ᵛ ähnelnd, aber mit anderem Schluss; *Folio* 100ʳ ein Stück: Ad proprium angelum, gedruckt Roth a. a. O., p. 333 sq., woselbst jedoch Blatt 101ᵛ — 106ᵛ übergangen ist. Das Stück in Versen: Angele sancte dei etc. auf *Folio* 107ʳ —109ᵛ ist wiederum in Roth, a. a. O., p. 335 sq. gedruckt. Die ganze Abtheilung 13 ist von einer Hand des 12. Jahrhunderts geschrieben und rührt von Ekbert her.

14. *Folio* 109ᵛ: Stimulus dilectionis, gedruckt in Roth, a. a. O., p. 293. — Von einer Hand saec. 12, die von 13 verschieden ist. Schliesst *Folio* 128ᵛ. Blatt 129ʳ ist die Schrift abgeschliffen. Blatt 129ᵛ deckt eine Miniatur, der Tod Maria's. Manche der Beschauer des Bildes wollten den Tod Elisabeth's darin erkennen und machten mich auf die sitzende Stellung der Sterbenden übereinstimmend mit den Angaben über Elisabeth's Tod aufmerksam, aber jedenfalls hätte dann der Maler des Bildes die Heilige im Nonnenhabit und nicht

im violetten Gewande, die anwesenden Männer nicht in farbiger Kleidung, sondern im Gewande St. Benedicts dargestellt. Das Bild ist von denen des 15/16. Jahrhunderts im Codex das Beste in Darstellung und Ausführung der Details.

15. Folio 130^r: Ein Gebet: Deus Abraham, deus ysaac etc.
16. Folio 130^v: Oratio ad proprium angelum. Gedruckt Roth, Elisabeth p. 338—39.
17. Folio 132^r: Ein Lobgesang: O virgo theodochos. O virgo ewangelista etc. Gedruckt Roth, Elisabeth p. 324.
18. Folio 132^v: Ein Lobgesang Ekberts: Salve maria gemma etc. ibid. p. 324.
19. Folio 133^r: Hymnus de sancto Gregorio, ibid p. 341.
20. Folio 133^v: Verschiedene Collecten.
21. Folio 135^r: Pro congregatione monachorum.
22. Folio 135^r: In honore passionis domini.
23. Folio 137^v: Hymnus mit Neumen: Amor patris et filii sacer fons etc.
24. Folio 139^r: Ein Werkchen Emecho's: Hoc tibi carmen protulit emecho mente fideli Elisabeth felix ad laudem cunctipotentis. gedruckt Roth p. 353.
25. Folio 145^r: Ein anderes Werkchen Emecho's: Item Emecho de beata Eli (sabeth). Gedruckt ibid. p. 358.
26. Folio 147^r: Gebet zu den hl. drei Königen, gedruckt ibid. 176.
— Blatt 150^v und 151^r leer, resp. die Schrift abgerieben, 151^v bedeckt eine Miniatur des 15. Jahrhunderts, ein Veronicahaupt.
27. Folio 152^r: Die Allerheiligenlitanei, gedruckt Roth, p. 170.
28. Folio 155^v: Vigilia mortuorum, Gebete mit Liedern gemischt.
29. Folio 162^r: Gebete für verschiedene Tage und Gelegenheiten, mit Liedern gemischt.

I. Sequenzen.

a. (*Folio* 7ᵛ·) Gloria mulierum, gemma virginum, stella confessorum, rosa martirum, domina apostolorum, filia patriarcharum, testis prophetarum, regina angelorum, iocunditas celorum. Mater Iesu dei eterni, o Maria, suspiro ad te, inclinare ad me, interveni apud filium pro me, ut munder a peccatis, ut liberer a penis, ut salver in celis et vivam tecum in gloria. Amen. [1]

b. Virgo inmaculate, heremita sancte, propheta magne, doctor inclite, precursor electe, baptista venerande, martir preciose, Iohannes amice Iesu assiste vultui dei pro me, impetra mihi veniam, gratiam et vitam a domino.

c. Virgo electe, discipule Iesu dilecte, apostolorum gemma, divinissime ewangelista, custos et fili virginis inclite, grata sedes gratie, Iohannes maior homine, par angelo, loquere ad cor dulcis Iesu pro me.

d. (*Folio* 8ʳ·) Flores rosarum et lilia convallium, martires preciose, commilitones Christi victoriose, margarite electe virgines immaculate, virginum duces nobilissime: Agatha, Aona, Lucia, Cecilia, Margareta, Cristina, Iuliana cuncteque sacre virgines in amplexu Christi quiescentes pro nostris excessibus pium sponsum exorate. [2]

II.

Ad honorem Cherubin et Seraphin. — Benedic anima mea domino. domine deus meus, magnificatus vehementer etc. . . . super montes stabunt aque. [3] Gloria patri. Sicut erat in principio. — Sanctus, Sanctus, Sanctus dominus deus Sabaoth. Pleni sunt celi

et terra gloria tua, osanna in excelsis. *R*. Deus, qui a summis spiritibus Cherubin et Seraphin summe amaris et cognosceris, da nobis eorum gratie ita participes fieri, ut te perfecte amare et nosse mereamur. Per dominum nostrum. —
Vos ignita Seraphin, vos luminosa Cherubin adolete suavitatis[1] . . . . .

III. Lobgesang.

(*Folio 8v.*) Astra matutina, laudate dominum, iubilate omnes filii dei domino. Date gloriam deo inclito cetus angelici, iocundum est ei eloquium vestrum. Vos signacula similitudinis dei et nobiles primicie operum eius. Lux viva, felix creatura, te fecit altissimus, et complacuit anime eius in te. In die ortus tui examinata es, et non est inventa in te iniquitas. Splenduit illustris ille lucifer in decore magnifico, et emulator factus est maiestatis domini. Propter quod detracta est superbia eius in infernum, et absortus est cum angelis suis in abysso caliginis. Tu vero rectus cum deo tuo inventus es popule fidelis et sapiens. Ideo stabilita sunt bona tua in domino, cui adherere elegisti, nec iam movere te poterit ulla iniquitas. Non est, quod metuas, non est unde ingemiscas, fixisti pedem in tuto, locus, in quo stas, terra sancta est. Tota pulchra es casta generatio, et macula non est in te. Immaculatus[5] deus te propter innocenciam suscepit, et confirma- (*Folio 9r.*) vit in conspectu suo in eternum. Ut ministres ei secundum cor suum et iuge sacrificium laudis immoles glorie eius. Ut sapias et intelligas, quam bonus, quam suavis Israel deus et amoris incessabili impetu in ipsum ebullias. Et sugas mel de petra oleumque de saxo durissimo. Caritatis oleum, mel sapientie tibi affluenter eructuat indissolubilis et eterna divinitas. Epulare, inpinguare ab uberibus dei tui beata progenies, eructa illi iubilum dulcem ex habundancia cordis tui. Beata o filii dei, beata guttura, que gustant, que vos gustatis, beati oculi, qui vident, que vos videtis. Nuda et aperta vobis sunt archana glorie, desiderabiles thesauri maiestatis in conspectu vestro sunt semper. Ipse enim pater amat vos filios sibi simillimos, quia ab inicio cum ipso estis et nunquam mandatum eius preteristis. Ad videndum profunda consiliorum eius, ad faciendam voluntatem cordis eius oculata est prudentia vestra, pennata est obedientia vestra. Convertantur, obsecramus, oculi vestri, et in hanc vallem nostre miserie inclinamini celi usque ad iram exilii nostri. (*Folio* 9ᵛ) Nolite innocentes creature, nolite abhominari festores infirmitatum nostrarum, quia et deus noster se inclinavit usque ad nos. Similis nostri fieri dignatus est, ut ad similitudinem suam nos reduceret, et consortes vestri efficeret. Populus pascue eius sumus et nos, et quamvis simus ab eo degeneres, filios suos nos vocare non despicit, et regni sui heredes. Vos ergo genus electum, gens sancta et generosa, agnoscite fratres vestros, coheredes vestros, quamvis inopes et mendicos et antiqua nobilitate privatos. Intuemini captivitatem nostram, videte plagas nostras, compedes et vincula nostra ad misericordiam vos adducant. Ut suggeratis deo nostro, ut educat nos de isto carcere, quia furtim sublati sumus de terra nostra per fraudem adversarii nostri, et in hunc lacum precipitati. Et adhuc ecce vigilat super nos versucia eius, ut amplius precipitet et mactet et perdat. Vigilate et vos filii lucis, vigilate super nos, quia multa est infirmitas nostra, multe sunt (*Folio* 10ʳ) nobis insidie, qui ambulamus viam tenebrosam et lubricam. Vos ignita Seraphin, vos luminosa Cherubin, vos potentissimi throni, adolete suavitatis incensum ante altare aureum, quod est in conspectu dei, pro nobis. Vos reverende dominationes, vos egregii principatus, vos tremende potestates, extendite alas protectionis vestre super nos. Vos mirifice virtutes, vos magnifici archangeli, vos salutiferi angeli negociis salutis nostre vigilanter insistite. Currite et discurrite super nos, et inter nos o celestis aule iuvencula compromite adularios nostros. Captivos eripite, lapsos erigite, lassos refocillate, confortate manus dissolutas⁶⁾ et genua debilia reborate. Annunciate in celo gemitus compeditorum et preces humilium, ut consortes esse mereamur regni dei nobiscum per viventem et regnantem in secula⁷⁾ seculorum. Amen.

IV. Lobrede auf St. Iohannes.

(*Folio* 11ᵛ) Salve o amantissime domine beate Iohannes. Salve puer domini electe, gratia plene. Salve virgo castissime, angelice puritatis imitator conformissime. Salve, qui secutus es deum hominis filium. Salve simmista dei intime, qui conspexisti filium dei in gloria sua, priusquam mortem gustares. Salve inebriate sapientia, cum fecundo pectori Ihesum beatum caput applicuisti. Salve discipule Christi inclite, compasse pacienti in cruce magistro.

Salve fili amabilis beate theodochos. Salve uter nove, qui repletus es ferventi musto spiritus sancti. Salve apostole regis summi, qui discurristi alacriter in mundo, predicans et annuncians errantibus verum deum. Salve lucerna fulgida, lampas luculenta fugans tenebras ignorantie et ostendens omnibus viam vite. Salve sol magne, sol splendide, illuminate a vero sole, illuminans universam terram doctrinis veritatis. S (alve) doctor preclare, qui (to) to [8] ore hausisti et eructasti in ecclesia dei verbum suave, verbum instructionis salutifere, verbum vite eterne. Salve urna aurea, habens manna verum, panem, qui de celo descendit et ex ipso reficiens nos. Salve eximie contemplator eterni verbi dei. Salve admirande (*Folio* 12ʳ) evangelista, abissi eternitatis advolator sublimissime, alveus fluminis impetuosi, quod egreditur ex corde patris, torrentis voluptuosi, qui letificat universam civitatem dei. Salve benigne Iohannes, sepulchrum [9] ingrediens, carnis vincula evadens, vocante domino Ihesu dilectore tuo ad delicias indefesse visionis eius cum exultatione delatus a beatis angelis dei congratulantibus tibi. Exulta beate Iohannes in iocundissima repatriatione tua. Exulta accipiens immarcescibile premium pro labore et fatigatione peregrinationis tue. Exulta requiescens in pacatissima tranquillitate protectionis altissimi. Exulta vultui dei assistens in gloria singulari luminosi agminis coapostolorum tuorum. Exulta iocundans in presentia dulci, in allocutione suavi, divinissime matris tue regine universorum, matris regis omnium. Exulta dominum Ihesum fontem totius suavitatis incessabiliter intuens. Exulta, excipiens in ebrietate mirifica divine maiestatis abscondita misteria. Exulta inmergens te inscrutabili abisso glorie unigeniti dei. Exulta pace inperturbabili, dulcedine inestimabili, amore infatigabili, suavitate sancti spiritus plenissime infusus. Exulta decantans viventi deo benedictionem (*Folio* 12ᵛ) et gratiarum actionem ex habundantia dulcorati spiritus tui, eructuans iubilum suavem deo benefactori tuo, qui est delectatio perfecta, exultatio infinita, lux vera, vita eterna omnium beatorum. O beate Iohannes attende inbecilles servulos tuos, suffragia tua apud dominum queritantes. O magne Iohannes, o gloriose Iohannes, impetra nobis misericordiam domini, ut laxet vincula multiplicis miserie, quibus innexi sumus. Deprecamur te, o inclite inter filios dei, qui sollempnizant in abscondito voluptatis parate a deo, ut nostrorum peccaminum pondera alleviet tua benigna intercessio, que accepta est coram deo, qui te coronavit corona leticie. O benedicte Iohannes, o gratie gratiosa sedes, vite nostre cursum guberna, finem nostrum placato iudice serena et ad celi gaudia nos subleva. Amen.

Sancte Iohannes precursor et preco regis pacifici, baptista agni inmaculati, tuam venerandam sanctitatem intima devotione amplexatur cor meum, tua preclara merita humili intentione collaudat anima mea. Attende ad me inclite fili gratie et impetra mihi auxilium spiritus sancti, quo repletus es in plenitudine admirabili, dum adhuc maternis claudebaris visceribus. Heremita precipue spe- (*Folio* 13ʳ) culum speciale celibis vite, intercede pro me ad dominum, ut sua larga propiciatio deleat et consumat omnes peccaminum meorum sordes, et custodiat me ab omni impuritatis contagio. Infundatur medullis cordis mei, accendatur in ossibus meis amabile incendium divine dilectionis et omnia verba, cogitationes et opera mea dirigantur in rectitudine preceptorum domini tuo suffragio electe precursor Christi, qui missus es, notificare plebi opera sanctimonie, quibus ad Christum pervenitur. Ad te confugio, ad te supplex clamito martir preciose, rosa venustatis purpuree, margaritum celeste, beate Iohannes, inclinare ad me, et ora pro me, ut conscribatur nomen meum in libro vite et annumeret me dominus electis filiis suis in edificio celestis Ierusalem, ac repleatur os meum perfecta dei laudatione. Amen.

V. *Gebet zum hl. Petrus.*

Pastor ovium insignis, ecclesie rector imitabilis, apostolorum princeps sublimis, presul dignissime, martir preciose, ianitor celi gloriose, amator Christi fervide. Petre, fili columbe simplicissime, dominum salatorem pro me interpella. [10]

VI. *Lobrede auf Maria.*

Folio 13ᵛ) Ave mater gratie. Ave mater misericordie. Ave mundi restauratrix. Ave celi imperatrix. Ave purissimum electionis vasculum. Ave gratissimum spiritus sancti cubiculum. Ave thorus immaculatus casti coniugii Christi et ecclesie. Ave lampas olei, quod de corde altissimi in te et usque ad nos emanavit per te. Ave celicum agalma, divine puritatis receptio aptissima. Ave simmista consilii regentis universa. Ave eterni solis accedentissima contemplatrix. Ave divine voluptatis familiarissima degustatrix. Ave maris stella cunctis astris viventibus splendidior. Ave cunctis supermundanis spiritibus deiformior. Ave superignea Seraphin ardens caritate deifica. Ave superclara Cherubin lucens inestimabili scientie copia. Ave quieta sedes iudicis summi, tranquillior placidissimis thronis. Ave dominationibus dominans. Ave principatus gubernans. Ave potestatibus fortior. Ave virtutibus mirificentior. Ave angelis et archangelis operosior in auxiliis populi dei. Ave felix germen patriarcharum. Ave promissio prophetarum. Ave admiratio apostolorum. Ave consors martirum, transgladiata crucifixi na- (*Folio* 14ʳ) ti sanguine. Ave norma confessorum posita in speculum omnis sanctimonie. Ave gemma virginum. Ave electe flos virginum. Ave inexpugnabilis signifera milicie virginalis. Ave illustris corona totius feminee propaginis. Ave sola virgo inter matres. Ave sola mater inter virgines. Ave lapsorum pia reconciliatrix. Ave lassorum benigna confortatrix. Ave celestis curie grata iocunditas. Ave vallis nostre preciosa fecunditas. Ave fecunda laudum materia. Ave iocunda laudantium te leticia. Ave deliciosa dulcedo amantium te. Ave gratiosa consolatio implorantium te. Ave suavis iubili inspiratrix. Ave dulcium lacrimarum provocatrix. Ave piarum orationum impinguatrix. Ave magna. Ave inclita. Ave tota formosa et suavis Maria. Ave candidior nive, nitidior lacte, rubicundior ebore antiquo, pulchrior saphiro. Ave serenior luna, fulgidior sole, purior ethra. Ave omni creatura nobilior, eo solo, quod ex te natum est, inferior. Creatoris sanctissimam matrem omnis creatura magnificet, eius gloriose (*Folio* 14ᵛ) maiestati se humilient celum et terra, et omnis supercelestis exercitus. Te decet pure mentis iubilus alma theodochos, te decet ymnus et honor magnificus omnium regnorum domina, que vitam gignendo mortis auctorem contrivisti, cervicem antique superbie confregisti, et ecce tua in altissimis triumphat humilitas. Erubesce tu fortis leviathan, qui tenelle virginis planta comprimeris, gaude victrix virgo, vicisti in filio. — Gaude[11] sancta dei genitrix virgo, gaude Maria a rege regum, a sancto sanctorum, a domino dominantium ad matrem electa virgo perpetua. Gaude Maria ab angelo salutata. Gaude ab angelo confortata. Gaude ab angelo venerata. Gaude Maria, que domino credidisti. Gaude M., que Christum de spiritu sancto concepisti. Gaude, que cum in utero portasti. Gaude, que genuisti. Gaude, que lactasti. Gaude, que fovisti. Gaude, que nutristi. Gaude, que omnia pascentem pavisti. Gaude, que cum amplexata es. Gaude, que cum gremio sustulisti. Gaude parens inclita. Gaude felix puerpera. Gaude Christianorum decus. Gaude mundi salus. Gaude mundi domina. Gaude mater virgo intacta. Gaude Maria inter omnes mulieres benedicta. Gaude sponsa Christi. Gaude mater virgo Christi. Gaude M. de hac miseriarum valle ad celestem gloriam super choros angelorum (*Folio* 15ʳ) exaltata. Gaude regina celorum. Gaude domina angelorum. Gaude templum domini. Gaude sacrarium spiritus sancti. Gaude mater misericordie. Gaude fons pietatis. Gaude civitas regis iusticie. Gaude electa ut sol. Gaude pulchrior luna. Gaude paradisi porta. Gaude M. virgo, que filium dei ante secula genitum, de te incarnatum et in tempore natum nunc in celis regem omnium seculorum in gloria sue maiestatis contemplaris. Gaude et iterum gaude. Gaude Maria omni laude dignissima. Gaude stella maris. Gaude refugium miserorum. Miserere mei peccatricis, o beata et gloriosa dei genitrix virgo Maria.

VII. Gebet zur hl. Eucharistie.

Oratio ante eucharistiam. — Obsecro te domine Ihesu Christe piissime redemptor meus per ipsum sacrosanctum et vivificum corporis et sanguinis tui misterium, quo cottidie in ecclesia pascimur et potamur, abluimur et sanctificamur, atque unius summe divinitatis participes efficimur, da mihi virtutes tuas sanctas, quibus repleta bona conscientia ad altaris tui communionem accedam, ita ut hec celestia sacramenta efficiantur mihi salus et vita. Tu enim dixisti ore tuo sancto et benedicto: Panis, quem dabo, caro mea est pro mundi vita. Qui manducat me, vivit propter me. Ipse manet in me et ego in eo. Ego sum panis vivus, qui de celo descendi, si quis (*Folio* 15ᵛ) manducaverit ex hoc pane, vivet in eternum. Panis dulcissime sana palatum cordis mei, ut sentiam suavitatem amoris tui. Sana illud ab omni languore, ut nullam preter te dulcedinem sentiat, nullum preter te querat amorem, nullam preter te amet pulchritudinem. Panis dulcissime habens omne delectamentum et omnis suavitatis saporem, qui nos semper reficis et in te numquam deficis, comedat te cor meum, et dulcedine saporis tui repleantur viscera anime mee. Manducat te angelus, pleno ore manducet te peregrinus homo pro modulo suo, ne deficere possit in via tali recreatus viatico. Panis sancte, panis vive, panis pulcher, panis munde, qui descendisti de celo, et das vitam mundo, veni in cor meum, et munda me ab omni inquinamento carnis et spiritus. Intra in animam meam, sana et sanctifica me interius et exterius. Esto tutamen et convivia salus corporis et anime mee. Scio domine et vere scio, et id ipsum bonitati tue confiteor, quod non sum digna accedere ad tantum misterium propter nimia peccata mea et negligentias meas infinitas, sed scio et credo veraciter ex toto corde et ore confiteor, quia tu potes (*Folio* 167 ᵛ) me facere dignam, qui solus potes facere mundum de inmundo conceptum semine, solus de indignis dignos, de peccatoribus et iniustis iustos et sanctos facis. Per hanc omnipotentiam tuam rogo te, concede mihi peccatrici hoc celeste sacrificium percipere cum timore et tremore, cum cordis puritate et lacrimarum fonte, cum leticia spirituali et celesti gaudio. Qui vivis et regnas. ¹²)

VIII. *Officium auf die hl. Dreifaltigkeit.*

Folio 17 ʳ.) — *De sancta trinitate.* — Gloria tibi trinitas equalis una deitas et ante omnia secula et nunc et in perpetuum. *P.* Confiteantur. *A.* Laus et perennis gloria deo patri cum filio, sancto simul paraclito in secula seculorum. *P.* Lauda anima. *A.* Gloria laudis resonet in ore omnium patri, geniteque proli, spiritui sancto pariter resultet laude perenni. *P.* Laudate. *A.* Laus deo patri parilique proli et tibi sancte studio perenni spiritus nostro resonet in ore omne per evum. *P.* Lauda Ierusalem.

Capitulum. — O altitudo divitiarum sapientie et scientie dei, quam inconprehensibilia sunt iudicia eius et investigabiles vie eius. *R.* Benedicat. *Ymnus.* O lux beata. *V.* Benedicamus patrem et filium cum sancto spiritu, laudemus.

In ewangelio. — Te deum patrem ingenitum, te filium unigenitum, te spiritum sanctum paraclitum, sanctam et individuam trinitatem toto corde et ore confitemur, laudamus atque benedicimus, tibi gloria in secula.

Collecta. — Omnipotens sempiterne deus, qui dedisti famulis tuis in confessione vere fidei eterne trinitatis gloriam agnoscere, et in potentia maiestatis adorare uni- (*Folio* 17 ᵛ) tatem, quesumus, ut eiusdem fidei firmitate ab omnibus muniamur adversis.

P. Deum verum unum in trinitate, et trinitatem in unitate venite adoremus. *In vigilia. P.* Venite. *Ymnus.* Tu trinitatis.

In primo nocturno. A. Adesto deus unus omnipotens pater et filius et spiritus sanctus. *P.* Domine dominus noster. *A.* Te unum in substantia, trinum in personis confitemur. *P.* Celi enarrant. *A.* Te semper idem esse, vivere et intelligere profitemur. *P.* Domini est terra. *A.* Te invocamus, te adoramus, te laudamus, o beata trinitas. *P.* Afferte domino. *A.* Spes nostra, salus nostra, honor noster, o beata trinitas. *P.* Exultate. *A.* Libera nos, salva nos, iustifica nos, o beata trinitas. *P.* Deus noster. *V.* Verbo domini celi f. —

Lectio. Pater et filius et spiritus sanctus unum sunt utique secundum unitatem substantie, et unus deus est, et unus magnus, et unus sapiens. Unde ergo maior pater? Si enim maior, magnitudine maior. *R.* Benedicat nos deus deus noster, benedicat nos deus, et metuant eum omnes fines terre. *V.* Deus misereatur nostri, et benedicat nos deus. Et metuant. — Cum autem magnitudo eius filius sit, nec ille utique maior eo, qui se genuit, nec ille maior est ea magnitudine, qua magnus est, ergo equalis. Unde equalis, si non eo, quo est, cui non est aliud (*Folio* 18 ʳ) esse, aliud magnum esse? *R.* Benedictus dominus deus Israel, qui facit mirabilia solus et benedictum nomen maiestatis eius in eternum *V.* Replebitur maiestate eius omnis terra, fiat, fiat, et benedictum. Aut si eternitate pater maior est, non est equalis filius quacumque re. Unde enim equalis? Si magnitudine dixeris, non est par magnitudo, que minus eterna est, atque ita cetera. *R.* Quis deus magnus sicut deus noster, tu es deus, qui facis mirabilia? *V.* Notam fecisti in populis virtutem tuam, redemisti in ·brachio tuo populum tuum. Tu es. — Ergo equalis est patri filius, et est unius eiusdemque substantie. Quapropter etiam spiritus sanctus in eadem unitate substantie et equalitate consistit. *R.* Excelsus super omnes gentes dominus et super celos gloria eius. *V.* Quis sicut dominus deus noster, qui in altis habitat, et humilia respicit? Et super.

In secundo nocturno. A. Caritas pater est, gratia Christus, communicatio spiritus sanctus. O beata trinitas *P.* Omnes gentes. *A.* Verax est pater, veritas filius, veritas spiritus sanctus, o beata trinitas. *P.* Magnus deus. *A.* Una igitur pater logos paraclitusque substantia est, o beata trinitas. *P.* Quam dilecta. *A.* Gloria et honor deo in unitate trina patri et filio cum sancto spiritu in sempiterna secula. *P.* Benedixisti. *A.* Gracias tibi deus, gracias tibi vera una trinitas, una et trina veritas, trina (*Folio* 18 ᵛ) et una unitas. *P.* Cantate. *A.* In patre manet eternitas, in filio equalitas, in spiritu sancto eternitas equalitatisque connexio. *P.* Dominus regnavit ex. *V.* Non est similis tui in diis domine, et non est secundum o. t. —

Spiritus sanctus commune est aliquid patris et filii, quicquid illud est. At ipsa communio consubstantialis et coeterna. Que si amicitia convenienter dici potest, dicatur. Sed aptus dicitur caritas. Et hec quoque substantia, quia deus substantia et deus caritas. *R.* Magnus dominus et magna virtus eius, et sapientie eius non est numerus. *V.* Magnus dominus et laudabilis nimis et magnitudinis eius non est finis. Et sapientie. — Sicut autem spiritus sanctus simul substantia cum patre et filio, ita simul magna et simul bona et simul sancta et quicquid aliud ad se dicitur. quoniam non est aliud deo esse, et aliud magnum esse, licet bonum esse, et cetera, sicut supra ostendimus. *R.* Gloria patri geniteque proli et tibi compar utriusque semper spiritus alme deus unus omni tempore seculi. *V.* Da gaudiorum premia, da gratiarum numera, dissolve litis vincula, astringe pacis federa omni tempore. — Si enim minus magna est tibi caritas quam sapientia, minus quam est, diligitur sapientia. Equalis est igitur, ut, quantum est sapientia, tantum diligatur. (*Folio* 19ʳ) *R.* Honor, virtus et potestas et imperium sit trinitati in unitate, unitati in trinitate in perenni seculorum tempore. *V.* Trinitati laus perennis, unitati sit decus perpetim. In perenni. — Et si equalis in omnibus equalis propter summam simplicitatem, que in illa substantia est. Et ideo non amplius quam tria sunt, unus diligens eum, qui de illo est, et unus diligens eum, de quo est et ipsa dilectio. *R.* Tibi laus, tibi gloria, tibi gratiarum actio in secula sempiterna o beata trinitas. *V.* Et benedictum nomen glorie tue sanctum et laudabile et superexaltatum. In secula.

Ad can. Cant. Ex quo omnia, per que omnia, in quo omnia, ipsi gloria in secula. Domine miserere. *V.* Benedictus es domine in firmamento celi. Et laudabilis.

Secundum Iohannem. In illo tempore dixit dominus Iesus discipulis suis: Cum venerit paraclitus, quem ego mittam vobis a patre spiritum veritatis, qui a patre procedit. ille testimonium perhibebit de me et vos testimonium perhibebitis. quia ab inicio mecum estis. Hec locutus sum vobis. ut non scandalizemini. Absque sinagogis facient vos, sed venit hora. ut omnis. qui interfecit vos. arbitretur obsequium se prestare deo. Et hec facient vobis. quia non noverunt patrem neque me. Sed hec locutus sum vobis. ut. cum venerit (Folio 19ᵛ) hora eorum. reminiscamini. quia ego dixi vobis.⁽⁴⁾

Bede presbiteri. Ex multis sancti evangelii locis invenimus, quia discipuli ante adventum sancti spiritus minus capaces erant ad intelligenda archana divine sublimitatis, minus fortes ad toleranda adversa humane pravitatis, sed eis adveniente spiritu cum argumento divine agnitionis data est etiam constantia vincende humane persecutionis. R. Deum time et mandata eius observa, hec est omnis homo. V. Timentibus deum nichil deest, nec his, qui eum diligunt in veritate. Hoc est. — Unde illis dominica promissione nunc dicitur. Cum venerit paraclitus, quem ego mittam vobis a patre spiritum veritatis, qui a patre procedit, ille testimonium perhibebit de me, et vos testimonium perhibebitis. R. Benedicamus patrem et filium cum sancto spiritu, laudemus et superexaltemus eum in secula. V. Benedictus es domine in firmamento celi et laudabilis et gloriosus in secula. — Notandum autem in primis, quod dominus spiritum veritatis et a se mittendum esse et eundem mox a patre procedere subiungit non quia idem spiritus aliter a patre procedit, quam cum a filio mittitur. R. Te deum patrem ingenitum, te filium unigenitum, te spiritum sanctum paraclitum, sanctam et individuam trinitatem toto corde et ore (Folio 20ʳ) confitemur, laudamus atque benedicimus, tibi gloria in secula. V. Quoniam magnus es tu et faciens mirabilia, tu es deus solus, tibi gloria. — Ideo autem filius eum a se mitti a patre dicit procedere, ut aliam patris, aliam esse suam personam designet, atque in eadem distinctione personarum unam esse operationem ac voluntatem suam, cum patris voluntate et operatione denuntiet. R. Summe trinitati simplici deo una divinitas, equalis gloria, coëterna maiestas, patri prolique sanctoque pneumati, qui totum subdit suis orbem legibus. V. Prestet nobis gratiam deitas beata patris ac nati pariterque spiritus almi. Qui totum.

In matutina laud. A. O beata et benedicta et gloriosa trinitas pater et filius et spiritus sanctus. V. Tibi laus, tibi gloria, tibi graciarum actio. A. O beata et benedicta gloriosa trinitas pater.

filius, spiritus sanctus. *V.* Miserere, miserere, miserere nobis. *A.* O vera summa sempiterna trinitas, pater et filius et spiritus sanctus. *V.* Tibi laus, tibi gloria, tibi gratiarum actio. *A.* O vera summa sempiterna trinitas pater, filius, spiritus sanctus. *V.* Miserere, miserere, miserere nobis. *A.* Te iure laudant, te adorant, te glorificant omnes creature tue, o beata trinitas. *V.* Tibi laus, tibi gloria, tibi graciarum actio. *Cap.* O altitudo. *R.* Benedicamus patrem et filium cum sancto spiritu. *V.* Laudemus et superexaltemus eum in secula. *Ymnus.* Splendor paterne glorie. *V.* Benedicat nos deus deus noster, benedicat deus. *In ev. A.* Nisi quis renatus fuerit ex aqua et spiritu, non potest introire in regnum dei, quia, quod natum est de carne, caro est, et quod natum est de spiritu, spiritus est. Alleluia Aevia!

Collecta ad pri. Omnipotens sempiterne. *Ma (tutina). A.* Sanctus, sanctus, sanctus dominus deus omnipotens, qui erat et qui est, et qui venturus est. *Ad tertiam. A.* Tibi decus et imperium, tibi gloria et potestas, tibi laus et iubilatio in sempiterna secula, o beata trinitas deus. — *Capitulum.* O altitudo. *V.* Verbo domini celi firmati sunt et s. *Collecta.* Omnipotens sempiterne. *Ad sextas. A.* Benedictio et claritas et sapientia et graciarum actio, honor, virtus et fortitudo deo nostro in secula seculorum Amen. *Capitulum.* Gratia domini nostri Ihesu Christi et caritas dei et communicatio sancti spiritus sit cum omnibus nobis. *V.* Non est similis tui in diis domine et non. *Collecta.* Domine deus pater omnipotens famulos tue maiestati subiectos per unicum filium tuum in virtute sancti spiritus benedic et protege, ut ab omni hoste securi in tua iugiter laude letemur. *P. Ad octavas. A.* Benedicta sit creatrix et gubernatrix omnium sancta et individua trinitas et nunc et semper et per infinita seculorum secula. *Capitulum.* Tres sunt, qui testimonium dant[15] in celo pater et filius et spiritus sanctus, et hi tres unum sunt. *V.* Benedictus es domine in firmamento[16] celi et l. *Collecta.* Mentes nostras quesumus domine paraclitus. *(Folio 21 r) Ad vesperas. P.* Dixit dominus. *R.* Deum time. *Ymnus.* O lux beata. *V.* Benedicat nos deus deus noster. *In evangelio. A.* Spiritus, ubi vult, spirat et vocem eius audis* aevia et *nescis, unde veniat aut quo vadat*[17] alleluia, aevia. *A.* Te gloriosus apostolorum chorus, te prophetarum laudabilis numerus, te martirum candidatus laudat exercitus. Tibi omnes electi voce confitentur unanimi beata trinitas unus deus. [18]

IX. Beichtgebete.

(*Folio* 21 ʳ) *Oracio ad sanctam Mariam.* — Gloriosissima et precellentissima dei genitrix Maria virgo perpetua et inmaculata, sancta et lucidissima, ego peccatrix heu et sceleratissima ex toto corde, ex tota anima, cunctisque medullis cordis te humanitatemque filii tui domini nostri Ihesu Christi deprecor, ut pro me digneris intercedere, quatenus et per eius ineffablilem pietatem et tuam sanctam intercessionem inveniam in die iudicii misericordiam, sed qualibus labiis deprecari debeam summam benignitatem tuam domina mi nescio. Scio, quia transgressa sum preceptum filii tui domini nostri. Quale exordium confessionis mee faciam? Quali corde vel quali conscientia confitens impiam linguam et polluta labia movere temptabo? Vel de quibus peccatis primum petam remissionem? Ego peccatrix et misera quid faciam? Ad quem (*Folio* 21 ᵛ) ibo? Quid respondebo in die iudicii, quando omnia nuda patebunt? Aut quali fiducia astabo tribunali illi terribili? Quem rogabo in illa tribulatione forti? Et quem deprecatura sum in illa necessitate valida? Quis michi miserebitur? Quis michi subveniet? Quis me proteget? Quis me abscondere poterit a ventura ira nisi ipse iudex iustus, pius et misericors deus, qui propriam non despicit creaturam, sed salvat et adiuvat? Ad qualem iam confugiam portum, vel ad quale confugiam remedium misericordissima Maria, nisi ad te et ad eum, qui natus est ex te dominum nostrum et redemptorem? Scio, domina, scio, quia valde peccavi in te, et in eum, qui natus est ex te, dominum nostrum, et non sum digna misericordiam impetrare, sed habens exemplum, qui ante me peccaverunt, et meruerunt indulgentiam peccatorum, ideo ad te accedere presumo venerabilis domina, dei genitrix virgo Maria, sola sancta, sola casta, anima et corpore benedicta, tribulantium consolatio, afflictorum compassio, senectutis baculus, concurrentium ad te vera protectio, benignissimam tuam misericordiam postulans, ut dexteram tuam mihi concedere digneris, indulgentiamque peccatorum et di- (*Folio* 22 ʳ) lectionem, amorem et timorem dei, nec non liberationem de eterna tribulatione et demoniaca potestate impetrare digneris apud filium tuum dominum Ihesum Christum. Non est alia protectio hominibus nisi tu semper benedicta. Quis enim domina mea speravit in te, et confusus est? Aut quis hominum precatus est omnipotentiam adiutorii tui et confusus est? Unde ego misera et peccatrix peto perennem fontem benignitatis tue, ut viscera mihi impendas misericordie, et hora exitus mei de hac presenti vita non permittas me in potestatem diaboli tradi, quia hoc est, quod turbat animam meam. Ego igitur adoro atque glorifico unum deum in trinitate, dominum autem nostrum filium dei vivi ante secula a patre ineffabiliter natum, novissimis diebus descendentem de celis, et incarnatum vivum de spiritu sancto, et ex te sancta et inmaculata. Ipsum confiteor esse perfectum hominem, qui propter nos homines peccatores pati et inspui, alapisque cedi et super vivificabile lignum manus extendere voluit, ac sicut pastor bonus animam suam pro nobis ponens sepultus est, et resurrexit ascenditque in celum cum carne, quam ex te casta suscepit, et venturus est cum sancta et gloriosa sua cruce, iudicare vivos et mortuos. Colo, adoro (*Folio 22ᵛ*) et amplector. Et cum hac mea precatione offer me, sancta et inmaculata virgo dei genitrix, filio tuo domino nostro Ihesu Christo, neque abhomineris neque despicias deprecationem meam, sed libera me ab iniquitatibus meis, que me comprehendunt [et a procella turpitudinis, que me possidet, quia denudata sum a gracia spiritus sancti.] 19) Te enim sancta dei genitrix spes et solatium humani generis. Christianorum redemptio et consolatio pusillanimorum, refrigerium afflictorum obsecro, ut peticiones meas filio tuo domino meo representes, et peccatorum meorum indulgentiam accipias, simulque impetres mihi perpetuam consolationem. Te enim et eum, qui ex te natus est, saluto, adoro, laudo et glorifico, ipsi soli sit honor, laus et iubilatio, virtus et potestas, fortitudo et imperium et nunc et semper et per inmortalia secula seculorum. Amen.

Item alia. — Obsecro te beatissima semper virgo Maria genitrix dei et domini nostri Ihesu Christi, quia meruisti dominum portare, intercede pro me peccatrice, que sub tuam protectionem confugio, ubi infirmi acceperunt virtutem et consolationem in tribulatione et adiutorium omnes, qui in te credunt, propter hoc te rogo beata dei genitrix, ut per tuum meritum et orationem dignetur (*Folio 23ʳ*) exaudire, ut digna efficiar ad tuam sanctam consolationem et adiutorium pervenire. Amen.

Item alia. — Sancta Maria gloriosa dei genitrix et semper virgo benedicta, gloriosa et generosa, intacta et intemerata, inmaculata, electa et a deo dilecta, singulari sanctitate predita, atque laude dignissima, que es pro totius interpellatrix mundi nequitia, exaudi, exaudi, exaudi me miseram. Sancta Maria mater domini ora pro me, et intercede pro me, et auxiliare mihi misere. Credo et pro certo scio, quia omne, quod vis, potes impetrare a filio tuo domino nostro Ihesu Christo, qui cum deo patre omnipotente seculorum omnium rege et spiritu sancto vivit et regnat deus per.

Item alia. — Gloriosissima dei genitrix semper virgo Maria per te venit nostra salus, per te redemptio nostra, tu templum dei vivi, te elegit dominus ex filiis Israel in salutem populi. Tu pulchra ut luna, electa ut sol, ideo concupivit rex decorem tuum, et spiritus sanctus obumbravit tibi, tu gloriosa inter choros virginum, que secuntur agnum, quocunque ierit.[20] Et ego miserrima omnium per spurcissima et cunctis iniquitatibus fetida amisi castitatem meam, violavi propositum meum . . . . aliud digna sum quam eternum subire supplicium, sed quia[21] te (*Folio* 23ᵛ) potentiorem neminem invenio ad placandum iudicem iustum deum filium tuum dominum nostrum Ihesum Christum, sub tue pietatis viscera confugio mater creatoris, ut sit compassio tibi super me, et clementer filium tuum interpelles pro me, quo merear ad gaudia eterna pervenire et eius misericordiam consequi, qui cum patre et spiritu sancto vivit et regnat verus deus per infinita secula seculorum. Amen.[22]

Confessio sancti Augustini. — Tibi domine Ihesu Christe creator et reformator meus filius dei, tibi confiteor omnia mala mea, que ab infantia mea usque in presens commisi, postquam de lavacro fontis exivi et supra pedes meos ambulare potui. Memorans et non rememorans de toto corpore meo contempsi deum meum mea culpa et de quinque sensibus corporis mei ego peccavi de visu, de auditu, de gustu, de odoratu et de tactu. Domine deus omnipotens tibi confiteor omnia peccata mea, que feci in cogitatione, in verbo et in opere malo, et que non veniunt mihi nunc ad memoriam. Tu scis domine omnia scrutans corda et renes, tibi soli peccavi et malum coram te feci, indulge mihi pius et misericors creator omnium, ut non pereat creatura tua, quam creasti. Precor te domine corde puro, ut non veniat mihi pes superbie (*Folio* 24ʳ) et manus peccatoris non moveat me. Tu scis domine, quia non negavi nomen tuum, sed fragilitate mea peccavi. Subplico te piissime pater, delicta iuventutis mee et ignorantias meas ne memineris. Quid sum domine nisi pulvis et cinis et esca vermium? De miserabili materia procreata sum. Quid faciam piissime deus, ego misera et peccatrix, quia omnes dies vite mee in vanum deduxi, ne unum quidem diem in tua voluntate duxi, sed in meo malo desiderio totum tempus vite mee consumpsi, in detractione, in invidia, in falso testimonio, in luxuria et ebrietate. Multa mala infra memet ipsam recognosco, que ego peccatrix feci ab infantia mea, tamen te piissime deus non negavi. Secundum magnam misericordiam tuam indulge mihi domine scelera mea, sicut indulsisti latroni confitenti tibi in cruce et ei paradysum non negasti, revoca me domine ad viam veritatis, ut non pereat anima mea, quam de tuo sanguine redemisti. Precor te domine, ut non me separes ab his, qui tuam voluntatem faciunt et sua corpora propter te maceraverunt, ut, quando illi recepturi erunt gloriam, ego misera et fragilis et incontinens non sim tradita diabolo ad devorandum, nec ad supplicium eternum. Recipe me domine, sicut recepisti filium prodigum revertentem (*Folio* 24 ᵛ) ad te. Penitet valde de peccatis meis. que feci contra tua precepta, et contra tuam voluntatem. Tu namque dixisti domine: In quacunque die conversus fuerit impius ab impietate sua, omnium iniquitatum suarum, quas operatus est, non recordabor. Considera me lacrimantem nunc, sicut considerasti lacrimas Petri et negationes eius dimisisti. Domine peccatum meum contra me est, dimitte impietatem peccati mei. Precor te domine Ihesu, noli despicere lacrimas meas, qui Marie lacrimas non despexisti, sed absolve vincula peccatorum meorum, et da mihi partem in regno tuo cum sanctis tuis. Tu scis domine, quo indigeam, quid petere debeam. Fiat misericordia tua domine super nos, quemadmodum speravimus in te. [23]

X. *Hymnus*.

(*Folio* 56 ʳ) Letare Israel superne in visione glorie dei tui, iubila gens beata, que scis iubilationem. Milia milium ministrate laudem domino, et decies milies centena milia assistite ei in voce tube, in laude perfecta. Intuemini omnes, qui diligitis eum, quantus est, quanta laude dignus est deus noster optimus.

Ammirabilis deus noster optimus. Amabilis deus noster optimus. Magnus et immensus deus noster optimus. Potens et rectus deus noster optimus. Fortis et invictus deus noster optimus. Decorus ac desiderabilis deus noster optimus. Dulcis et mansuetus deus noster optimus. Pius et misericors deus noster optimus. Fidelis et absque dolo deus noster optimus. Purus et absque macula deus noster optimus. Sanctus, innocens, inviolabilis deus noster optimus. Pacificus, quietus, imperturbabilis deus noster optimus. Optimus deus noster sine principio, optimus sine fine, optimus sine mensura. Optimo et gloriosissimo deo nostro, trino et simplici omnis honor et gloria sine fine. Amen.

XI. Psalterium.

(*Folio* 56ᵛ·) Beatus vir, qui non abiit in consilio impiorum etc. [24)
Confitebor tibi domine etc. [25)
Ego dixi in dimidio dierum etc. [26)
Exultavit cor meum in domino etc. [27)
Cantemus domino gloriose etc. [28)
Domine audivi auditionem tuam etc. [29)
Audite celi, que loquar etc. [30)
Te deum laudamus etc. [31)
Benedicite omnia opera domini etc. [32)
Benedictus dominus deus Israel etc. [33)
Magnificat anima etc. [34)
Nunc dimittis servu (m) etc. [35)
Quicunque vult salvus esse etc. [36)

XII. Bussgebet.

Oratio pro peccatis. (*Folio* 92ᵛ·) *Ps.* Ad te domine. *P.* Iudica me deus et discerne. *P.* Miserere mei deus. Kyrieleison. Pater noster. Misericordia mea et refugium meum deus meus, aperi misericordes oculos tuos et intuere opus manuum tuarum et suscipe in mansuetudine verba gemitus mei. Audi peccatricem, audi vilem vermiculum de luto miserie sue vociferantem ad te. Scio domine, quia omnia nuda et aperta sunt coram oculis tuis, et omnino manifesti tibi sumus et nos et omnia nostra. Unde contremiscit .cor meum in medio mei, et anxiatur spiritus meus vehementer, sciens te mihi conscium esse omnium, quecumque peccavi in te. Fateor et dissimulare non possum, quia magna, heu magna, et innumerabilia sunt peccata mea, que feci a prima die transgressionis mee usque in horam hanc, quorum omnium testis verax et iudex iustus es tu. Et nunc certe supra modum conturbarer et omnino absorberer verecundie et timoris abysso, si nescirem misericordias tuas antiquas, piissime et amantissime domine mi. Peccavit in te sanctus tuus David peccata duo magna valde, et adplacatus es ad penitentiam eius. Ita domine ei placatus es, ut etiam (*Folio* 93 ʳ) inter amantissimos tuos eum reputares, immo et ut de sanguine eius nasci et filius eius vocari non indignum haberes. Ad unam orationem publicani peccatoris misericordia flexus es et inclinasti oculos tuos ad eum, qui pre multitudine scelerum oculos suos ad celum levare ausus non est. Tuum domine rigorem humilis Chananea lacrimoso clamore confregit et laborantis filie sospitatem humili et confessione et fide valida a te extorsit. Tu mulierem in adulterio deprehensam non solum non condempnare voluisti, sed etiam a iuditio lapidationis liberasti. Tu beatam illam peccatricem ad vestigia tua lacrimantem aversatus non es, sed et venerabiles pedes tuos nudos manibus eius attrectari et ore contingi, lacrimis irrigari, capillis tergi benigne permisisti, et a septem spiritibus inmundis supplicem tuam absolvisti, insuper et gloriam resurrectionis tue huic primum demonstrasti, et apostolorum apostolam esse voluisti. Tu domine magnum illum principem apostolorum post trinam negationem misericorditer respexisti, et placatus es amaro fletu illius, et magnificasti eum in celo et in terra pre cunctis participibus (s) uis. Semel ad te clamavit latro de cruce in ipso mortis (*Folio* 93ᵛ) articulo dicens: *Domine memento mei, dum veneris in regnum tuum.* Et dixisti in habundantia dulcedinis tue: *Amen dico tibi, hodie mecum eris in paradiso.* ³⁷) Ita pater in cunctis retro seculis profusus in miserationibus tuis extitisti ad omnes invocantes te in veritate. Et nunquid in his diebus contracta erit manus tua ad miserendum, ut contineas in ira misericordias tuas? Pius et fidelis es domine, negare te ipsum non potes. Absit hoc a te, ut iam in eternum contrahatur amplissima largitas tua, ex quo semel expandisti manus tuas in cruce, cum etiam usque ad crucifixores tuos misericordiam porrexerint. Effunde potius iram tuam in gentes, que te non noverunt, quarum sculpta sunt peccata in silice adamantino, et parce supplicibus tuis signum tuum habentibus. Vide domine, quia caro sumus, et lubricus est hic mundus, in quo ambulamus, et multa est invidia sathane super nos, nec ad horam stare possumus nisi per te. Ne despicias Ihesu bone hereditatem tuam propter peccata sua, qui venisti in mundum peccatores salvos facere, inter quorum primos ego sum. Vere mi domine peccavi, heu me peccavi! Deum, qui benefecit mihi, peccatis meis inhono- (*Folio* 94 ʳ) ravi, dominum universe creature vilis favilla proterve irritavi adversum me. Sed ecce per gratiam tuam peniteo, adiuva et perfice penitentiam meam. Effectum illi prestet virtus beate mortis tue ad delendum cunctas peccatorum maculas, quibus respersa est peccatrix anima mea, imago tua, precium sanguinis tui. Propter temet ipsum domine salvator meus miserere mei, et obrue in multitudine misericordie tue universa delicta mea, ut non appareant ad confusionem anime mee in die ostensionis eius coram sanctis angelis tuis. Ihesu amabilis valde, Ihesu amor et desiderium cordis mei, inclite fili dei vivi, fili regalis virginis, convertere ad me, non me pretereas, sta, fige gressum, nimis a me elongatus es, iube me venire ad te. Dic anime mee, quid vis, ut faciam tibi. Ecce dicit tibi sunamitis ista mendicans in tenebris suis: Domine ut videam, ut videam bona, domine, ut dissipetur mordax ista caligo peccati et multiplicis miserie separans inter me et te vitam meam, ut videam, ut videam te ipsum, sicuti es. Ita pater fiat anima mea ad contactum sancte manus tue munda et capax mundi luminis (*Folio* 94ᵛ) tui, ut tandem aliquando audire mereatur a te: Respice, fides tua te salvam fecit. Quod prestare digneris tu unigenite, qui es in sinu patris Ihesu Christe vita et gloria sanctorum. Amen.

XIII. Gebet für die Angehörigen.

(*Folio* 94ᵛ) Pro familiaribus. — Domine deus patrum nostrorum, qui dixisti nobis per apostolum tuum: Orate pro invicem, ut salvemini, suscipere dignare orationem nostram pro omnibus caris et familiaribus nostris N., pro omnibus domine, qui orationibus nostris se commiserunt, et qui pro nobis orant, et quorum usi sumus beneficiis aut obsequiis, libera eos deus Israel de cunctis angustiis et necessitatibus suis, absolve illos ab omni obligatione peccati, serva eos a lapsu criminali, da eis spiritum timoris et humilitatis et castitatis et caritatis et pie devotionis, da eis ambulare in tuis sanctis iustificationibus omni tempore et feliciter consummari, et electis filiis tuis aggregari. Per dominum nostrum.

Domine Ihesu Christe seminator casti consilii et sancti desiderii pius inspector, tu prosperum facere dignare desiderium bonum, quod in ancilla tua L. [38]) seminasti [39]) . . . . . (*Folio* 168 ʳ) manum tuam validam liberata, particeps fiat vite spiritualis et optime partis, quam elegit Maria, sitque sancta corpore et spiritu, et tota sancti amoris tui dedita obsequiis, ut ad consortium perfectarum feminarum regni tui ab huius vite laboribus feliciter mereatur assumi. Qui cum patre et spiritu.

Deus ineffabilis misericordie respice de celo sancto tuo, et visita per gratiam sancti spiritus mentem ancille tue [40], et presta, ut a cunctis mundi illecebris animum abstrahat, te solum dominum puro et perfecto corde diligat, in tuis sanctis iustificationibus sine querela iugiter incedat, porrige illi manum adiutorii tui in cunctis augustiis et necessitatibus suis, cunctaque ad ipsam pertinentia pariter cum illa benedicere et sanctificare et ab omni periculo tueri dignare. Per dominum nostrum Ihesum Christum.

XIV. Officium.

(*Folio* 101 v.) Eterne deus universe creature conditor et domine, optimi filii optime pater, sanctissime spiritus, sanctissime aspirator, te unum verum deum cum coëterno tibi filio et cum coeterno tibi spiritu sancto supplex adoro, tibi gratias ago, teque collaudo de omni misericordia, quam fecisti nobis cum dilecto filio tuo et cum sancto spiritu tuo, teque precor, amantissime pater, ut ita me gubernes per spiritum tuum in hoc mundo, ut coheres fieri merear filii tui in regno tuo, ubi cum sanctis tuis fruar desiderabili aspectu glorie tue, et glorificem nomen tuum, quod est laudabile et gloriosum in secula seculorum Amen.

O domine Ihesu, Ihesus nomen bonum, nomen preciosum, nomen, quod est super omne nomen, nomen, quod nemo novit, nisi qui accipit, nomen, quod nemo potest dicere nisi in spiritu sancto. O dulce et suave, o ammirabile et amabile, o magnum et salutiferum nomen Ihesus. Ihesus nomen pium, nomen delectabile, nomen bone spei, et confortans peccatorem. Quid est enim Ihesus nisi salvator? Ergo Ihesu propter semetipsum esto michi Ihesus, Ihesu bone, Ihesu benigne, propter hoc nomen tuum fac michi secundum hoc nomen tuum. Qui me plasmasti, ne peream, esto michi Ihesus. Qui me redemisti, ne peream, esto michi Ihesus. Ihesu bone, Ihesu benigne, miserere mei, dum tempus est miserendi, ne dampnes in tempore vindicandi. Admitte [41] ergo, benigne Ihesu, admitte me in nu- (*Folio* 102 r) merum ancillarum tuarum tibi famulantium, ut cum illis tibi servire, te laudare, te videre merear, merear ammodo et usque in sempiternum. — *A*. Ecce ⁴¹⁾ veniet. Laudate, p. *A*. Orietur, sicut sol. Lauda, a. *A*. Dum ortus. *P*. Laudate dominum, qui. Completi sunt. Lauda in. Paulus servus Christi Ihesu vocatus apostolus segregatus in evangelium dei, quod ante promiserat per prophetas suos in scripturis sanctis de filio suo, qui factus est ex semine David secundum carnem. *R*. De illa occulta. *V*. Veni redemptor. *P*. Magnificat. *A*. Cum esset. — *Lectio prima*. Verbum igitur dei deus filius, qui in principio erat apud deum, per quem facta sunt omnia, et sine quo factum est nichil, propter liberandum hominem ab eterna morte factus est homo, ita se ad susceptionem humilitatis nostre sine diminutione sue maiestatis inclinans, ut manens, quod erat, assumensque, quod non erat, veram servi formam ei forme, in qua deo patri est equalis, uniret, et tanto federe naturam utramque consereret, ut nec inferiorem consumeret glorificatio nec superiorem minueret assumptio. *R*. Hodie non. Salva igitur proprietate utriusque substantie et in unam coëunte personam suscipitur a maiestate humilitas, a virtute infirmitas, ab eternitate mortalitas, et ad dependendum conditionis nostre debitum, natura inviolabilis nature est unica passibili, deusque verus, homo verus in unitatem domini temperatur. Talis ergo nativitas decuit dei virtutem et dei sapi- (*Folio* 102 ᵛ) entiam Christum, qua nobis et humanitate congrueret et divinitate precelleret. Nisi enim deus esset verus, non afferret remedium, nisi esset homo verus, non preberet exemplum. *R*. Hodie nobis de. Ab exultantibus angelis nascente domino gloria in excelsis deo canitur, et pax in terra bone voluntatis hominibus nuntiatur, vident enim celestem Iherusalem ex omnibus mundi gentibus fabricari, de quo inenarrabili divine pietatis opere, quantum letari debet, humilitas hominum, cum tantum gaudeat sublimitas angelorum. *R*. Descendit de celis deus verus a patre genitus, introivit in uterum virginis nobis, ut appareret visibilis, indutus carne humana protoparentis Ade, et exivit per clausam portam deus et homo lux et vita conditor mundi. *V*. Tanquam et exivit per. — Agamus ergo gratias deo patri per filium eius in spiritu sancto, qui propter multam misericordiam suam, qua dilexit nos, misertus est nostri, et cum essemus mortui peccatis, convivificavit ⁴⁴⁾ nos Christo, ut essemus in ipso nova creatura novumque figmentum. Deponamus ergo veterem hominem cum actibus suis, et adepti participationem generationis Christi, carnis renunciemus operibus. Per baptismatis sacramentum spiritus sancti facti sumus templum, quia precium nostrum sanguis est Christi. Unde veritate nos iudicabit, qui misericordia nos redemit Christus dominus noster. *R.* Descendit de celis.

(*Folio* 103ʳ·) Dominus Ihesus Christus, cuius nativitatem[45] celebramus, cuius amabilem infantiam pre oculis habemus, deus excelsus est, dei eterni filius est, genitus ante secula inenarrabili generatione coëternus et consubstantialis deo patri eiusdemque potentie et maiestatis cum ipso. Ipsius imperio creata sunt universa, eius nutu regitur omnis creatura, et non est quidquam inpossibile ipsi. Hic secundum quod preordinatum erat in archano consilio patris ante mundi constitutionem, in his novissimis diebus nostri causa venit in hunc mundum nostre peregrinationis, et factus est quasi unus ex nobis homo passibilis et mortalis manens, quod erat ab eterno. Sanctificavit enim sibi in spiritu sanctificationis virginem inmaculatam, virginem electam ex omni carne, et descendens in uterum eius modo ineffabili, quem solus ipse novit, humanam in ea naturam secundum corpus et animam sola virtute spiritus sancti operante assumpsit natusque est ex ea verus homo verus deus nichil habens in sua humanitate originalis macule, in qua concipiuntur et nascuntur cuncti viventes. *R.* O mag.

Gaude Maria, gaude omnium matrum felicissima, quia ecce et mater es et virgo es, et communem cum deo patre omnipotentem filium habes. Quod humanum est, in eo tu genuisti, quod divinum genuit deus, utrumque sanctum et inmaculatum, utrumque (*Folio* 103ᵛ) sine peccato et dolore genitum. Et ecce omnia tibi donavit deus cum filio, et domina mundi facta est. Gaudeamus et nos propter Mariam, congratulemur illi omnes qui diligimus[46] eam, quia sic honorata est, quia sic magnificata est. Gaudeamus et nos cum Maria, quia noster est filius eius, ut ait scriptura dicens: *Filius datus est nobis.* *R.* Beata dei genitrix. Exultemus in parvulo nostro, suscipiamus in ulnis dilectionis dulcem infantulum et cantemus aliquid iocundum in auribus eius, si forte exhilaretur erga nos amabilis facies eius. Quid tu hic aut quasi quis hic in stabulo nostri diversorii, o pulcherrime puerorum? Quomodo huc intrasti non habens maculam originalem dulcis agnelle, cum nulla ante te ovis in hoc ovili aparuerit absque macula? Tui similis domine non[47] est natus super terram neque nascetur[48] in omni natione, que ventura est. Tu ille, qui positus es in admirationem cunctis viventibus et factus es in parabolam copiosam sapientibus et insipientibus, in omni natione, que super celo est. *R.* Beata viscera. Ecce domine tanquam unus ex nobis homo exigui corporis cum sis tu idem ipse excelsus, qui imples celum et terram maiestate glorie tue. Et quid fecimus tibi aut in quo meruimus apud te nos vel patres nostri, ut ad tantam infirmitatem se inclinaret tam gloriosa celsitudo tua? Vere domine non in nostris iustificationibus fecisti omnia hec. (*Folio* 104^r) sed in miserationibus tuis multis. Sancta et inma.

E. s. Matheum. Cum esset desponsata mater Ihesu Maria Ioseph, antequam convenirent, inventa est in utero habens de spiritu sancto. Et r.⁴⁹⁾

Omelia Origenis. Que fuit necessitas, ut desponsata esset Maria Ioseph, nisi propterea, quatinus hoc sacramentum diabolum celaretur, et ille malignus fraudis commenta adversus desponsatam virginem nulla penitus invenisset? Vel ideo fuerat desponsata Ioseph, ut nato infanti vel ipsi Marie curam videretur gerere Ioseph, sive in Egiptum iens vel inde denuo veniens. Ideo desponsata fuit Ioseph, non tamen in concupiscentia iuncta.

R. Beata et venerabilis virgo Maria. — *Lectio secunda.* Mater eius mater inmaculata, mater incorrupta, mater intacta. Mater eius. Cuius eius? Mater dei unigeniti domini et regis omnium, plasmatoris et creatoris cunctorum, illius, qui in excelsis sine matre et in terra est sine patre ipsius, qui in celis secundum deitatem in sinu est patris et in terris secundum corporis susceptionem in sinu est matris. *R.* Nesciens mater.

Lectio tercia. O magne admirationis gracia, o inenarrabilis suavitas, o ineffabile magnumque sacramentum! Ipsa eadem virgo, ipsa et mater domini, ipsa genitrix, ipsa eius ancilla, plasmatio eius ipsa, que genuit. Quis unquam ista audivit, quis vidit talia, (*Folio* 104^v) quis hoc excogitare potuit, ut mater virgo esset, intacta generaret, que et virgo permansit et genuit? *R.* Confirmatum est cor virginis.

(*Lectio*) *quarta.* Sicut enim quondam rubus conburi videbatur, et ignis eum non tangebat, et sicut tres pueri in camino inclusi habeantur, et tamen non ledebat eos incendium, nec odor fumi erat in eis, vel quemadmodum Daniel intra locum leonum incluso claustris non apertis allatum est ei prandium ab Abacuc, ita et hec sancta virgo genuit dominum, sed intacta permansit, mater effecta est, sed virginitatem non amisit, genuit infantem, et, ut dictum est, virgo permansit. *R.* Verbum caro. *Laudes.* Genuit puerpera. *Capitulum.* Multifariam in. *R.* Benedictus, qui venit in. Gaude dei genitrix, quam circumstant obstetricum vice concinentes angeli gloriam deo. Christe patris unice, qui humanam nostri causa formam assumpsisti, refove supplices tuos. Et quorum participem te fore dignatus es Ihesu, dignanter eorum suscipe preces. Ut ipsos divinitatis tue participes deus facere digneris unice dei. Gloria tibi domine, qui natus es ex virgine. *A*. Magnum hereditatis misterium templum dei factus est uterus, nesciens virum non pollutus est, ex ea carnem assumens omnes gentes venient dicentes: (*Folio* 105ʳ) Gloria tibi domine. *Oratio*. Concede, quesumus, deus, qui salutis. *Ymnus*. Beatus ⁵⁰⁾ auctor seculi. *A*. In principio et ante. *Capitulum*. Aparuit benignitas et humanitas. *V*. In sole posuit t. *Collecta*. Presta, quesumus, omnipotens deus u. n. *Ad quartas*. *Ymnus*. Domus pudici. *A*. Hodie natus est. *Capitulum*. Multifariam. *V*. Letentur celi. *Oratio*. Concede, quesumus. *Ad sextas*. *Y(mnus.)* Feno iacere *A*. Virgo verbo c. *Capitulum*. Ubi venit p. *V*. Notum fecit d. *Oratio*. Deus, qui salutis. *Y(mnus.)* *Ad octavas*. Vagit infans inter arca conditus presepia menbra pannis involuta virgo mater alligat, et pedes, manus et crura stricta pangit fascia. Gloria tibi domine. *A*. Nesciens mater. *Capitulum*. Parvulus enim n. *V*. Beatus venter, qui te portavit Christe. *Oratio*. Presta, quesumus, eterne salvator, ut sicut tu de maternis. *Ad vesperas*. *A*. Tecum principium. *P*. Dixit dominus. *Capitulum*. Multifariam. *R*. Verbum caro factum est. Magnificat. *A*. Virgo dei geni. Concede, quesumus. Deus, qui salutis.

De n(ativitate) et p(assione) et r(esurrectione) et m(orte) et a(dventu) domini. *A*. O beata infantia, per quam nostri generis reparata est vita, o gratissimi delectabilesque vagitus, per quos eternos ploratus amissimus, o felices panni, quibus peccatorum sordes extersimus, o presepe splendidum, in quo non solum iacuit fenum animalium, sed cibus inventus angelorum. *P*. Beatus vir, qui non. *A*. Dum fabricator mundi. *R*. Quare fremuerunt. *A*. Cum rex glorie. Domine, quid multiplicati. *A*. O rex glorie domine virtutum. Dominus, dominus. Celi aperti sunt. *P*. Omnes gentes. *Y(mnus)*. Ihesu nostra redemptio. *Oratio*. Ihesu amabilis valde, Ihesu amor et desiderium cordis mei. (*Folio* 105ᵛ) *V. R. Verbum caro factum est et habitavit*⁵¹⁾ *in nobis, et vidimus gloriam eius, gloriam quasi unigeniti a patre.* ⁵²⁾ Diviserunt sibi vestimenta mea et super vestem meam miserunt sortem. In resurrectione tua Christe celum et terra letantur. Ascendo ad patrem meum ⁵³⁾ et patrem vestrum deum

meum et deum vestrum. *Collecta.* Concede, quesumus, omnipotens
deus. Respice domine, quesumus, propicius. Deus, qui per unigenitum tuum. Concede, quesumus, omnipotens deus, ut qui unigenitum. Domine deus, qui abscondisti a sapientibus et revelasti
parvulis gloriam filii tui, multiplica in nobis gratiam tuam, ut et
nos videre mereamur eum in gloria sua.

XV. Gebet zum hl. Leibe Christi.

Folio 105ᵛ⁾ *Ad corpus domini.* O benigne Ihesu, qui te deo
patri in ara crucis hostiam sanctam, hostiam vere pacificam pro
nobis miseris et indignis offerre dignatus es, hanc sacrosanctam sacri
corporis hostiam vilis et rea supplex adoro et glorifico. Veni domine
Ihesu, veni in cor meum, quia hora est iam nos de somno surgere,
quia in tempore tanti sacrificii cum beatis angelis cepit esse misterium
nostrum. Exurge anima mea, exurge, quoniam bonum est, nos
esse iocundum, angelicis laudibus interesse, salubre, divinis epulis
participes fieri. Adest enim panis angelorum, panis vivus, qui de
celo descendit, panis, qui cor hominis confirmat, ut in carne viventes non secundum carnem ambulemus, secundum spiritum ea, que
videntur non contemplantes, sed que videntur. O manna abscondi-
(*Folio* 106ʳ) tum oculis mortalium, o ubertas maxima terre viventium,
o plenissima dulcedo angelorum, o deliciosa fercula omnium beatorum. O vere iocunda refectio, o vere beata et omni refectione
digna societas, que detrimentum nescis, vastidium tollis, peccatores
iustificas, morientes reficis, obvias potestates debellas, revertentes
de terra celis infers, mortem necas, vitam prestas eternam. O beati
oculi, qui vident te, o lux purissima, o pulchritudo suavissima! O
beata corda, que amant te amor sapidissime, o dulcedo tutissima!
Beati, qui esuriunt et siciunt te, sed multum per omnem modum
beatiores, qui saciati ex te non esurient neque sitient in eternum.
Sed o domine Ihesu, quoniam non solum oblita sum commedere,
sed et esurire panem meum, panem, qui dat vitam eternam, fac me
per gratiam tuam semper illud de tanto misterio credere, sentire,
et firmiter tenere. quod tibi placet et expedit aride anime mee, ita
ut sit michi et omnibus Christo credulis hodie et cottidie magnum
et plenum convivium et si in enigmate de te pane vivo, qui de
celo descendisti et das vitam mundo, ut ex hoc refrigerati et con-

fortati sic contra carnem et sanguinem, sic contra hostes visibiles et invisibiles dimicare valeamus, ut carne soluti in fortitudine cibi istius libero et expedito gressu transire valeamus ad convivium epularum tuarum (*Folio* 106ʳ) et videre non in enigmate, sed facie ad faciem te deum salvatorem nostrum. Qui vivis et regnas. *P*. Iubilate domino o. *P*. Ad te. *P*. Qui conf. *P*. Domine non est. Laudate dominum in sanctis. *A*. Tuam crucem. *V*. Adoramus. Deus qui unigeniti tui precioso sanguine humanum genus redimere dignatus es, concede, ut omnes, qui ad adorandum vivificam eius crucem adveniunt, a peccatorum suorum nexibus liberentur. Qui tecum vivit et regnat. — Deus, qui unigeniti tui precioso sanguine vivifice crucis vexillum sanctificare voluisti, concede, quesumus, eos qui eiusdem sancte crucis gaudent honore, tua quoque ubique facias protectione gaudere. Per eundem.

Presta, quesumus, omnipotens et misericors deus, ut per virtutem sancte crucis ab omni adversitate mentis et corporis liberemur. — Presta, quesumus, deus, ut qui per passionem domini nostri Ihesu Christi sancte crucis invocamus auxilium, ab omnibus adversariis liberemur et in augmentum fidei, spei, caritatisque crescere mereamur. Gregem tuum, quesumus. *P*. Lauda in. Salve celestis Iherusalem, que sursum es gloria et honore decora mater nostra nos exules filios tuos inter has miserias iuva, ut tandem aliquando a malis omnibus exuti tibi aggregari mereamur.

XVI. Gebet zu Gott und den Erzengeln.

(*Folio* 130 ʳ) Deus Abraham, deus Ysaac, deus Iacob esto famulo tuo N. arma salutis, galea virtutis, spes inexpugnabilis contra omnes adversarios suos, omnes angeli et archangeli vos supplico ego peccatrix, ut sitis in adiutorium ei. Conserva eum ambulantem, stantem, sedentem, iacentem, dormientem, quiescentem sive quacunque via directus fuerit. Sancte Michahel, sancte Gabriel, sancte Raphahel, sancta milia milium decies centena milia, qui et statis et ministratis ante thronum domini, vos supplico, ut eum protegere dignemini omnibus diebus vite sue, ut nullus diabolus vel malus homo prevaleat adversus eum. Sit super eum benedictio per nomen tuum magni dei Sabaoth in septimo throno maiestatis sue sedentis et respicientis abyssum. Sancte Michahel archangele, summe divinitatis minister, tota humilitate cordis et corporis prostrata per unigenitum dominum nostrum deprecor, ut famulo tuo N. propiciari digneris, et intercessionibus tuis mereatur consequi remissionem omnium delictorum suorum. Amen.

Omnipotens sempiterne deus dirige actus nostros in beneplacito tuo, ut in nomine dilecti filii tui mereamur bonis operibus habundare. Per.

XVII. Verschiedene Gebete.

(Folio 133') A. Ne timeas Maria, invenisti gratiam apud dominum, ecce concipies et paries filium dei. ٠٠ P. Domine dominus noster. A. Tamquam sponsus. P. Celi enar. A. Astiterunt reges. P. Quare fremuerunt. A. In pace in idipsum. P. Cum invocarem. A. Ego dormivi. P. Domine, quid multiplicat. A. Ascendit deus in iubila. P. Omnes gentes. A. Factus est repente de celo sonus advenientis spiritus vehementis Alleluia. Alleluia. P. Magnus dominus et l. A. Qui habitas in celis. P. Ad te levavi. Kyrieleison. Christe eleison. Kyrieleison. Pater noster. V. Egredietur dominus de loco sancto suo, veniet, ut salvet. V. Verbum caro factum est. Speciosus forma pre filiis. V. Tria sunt munera preciosa, que obtulerunt Magi domino: aurum, thus et mirram. V. Suscepimus deus mis. V. Eripe me de inimicis meis. V. Diviserunt sibi. V. In pace factus est locus eius. V. In resurrectione tua Christe. V. Ascendo ad patrem meum. V. Confirma hoc deus. V. Et veniat super nos misericordia. V. Non nobis domine, non nobis, sed nomini tuo da.

Collecta. Domine exaudi orationem meam. Deus, qui de beate. *Oratio.* Concede, quesumus, omnipotens deus, ut nos unigeniti tui nova per carnem nativitas liberet, quod sub peccati iugo vetusta servitus tenet. Per. *Oratio.* Deus, qui salutis eterne. Deus illuminator omnium gentium da populis tuis perpetua pace gaudere, et illud lumen splendidum infunde cordibus nostris, quod trium · *Folio* 134' Magorum mentibus aspirasti. Dominum.

Collecta. Omnipotens sempiterne deus maiestatem tuam supplices exoramus, ut sicut unigenitus tuus cum carnis nostre substantia in templo est presentatus, ita nos facias purifatis tibi mentibus presentari. Per eundem.

Alia. Omnipotens sempiterne deus, qui humano generi ad imitandum humilitatis exemplum salvatorem nostrum carnem sumere et crucem subire fecisti, concede propicius, ut pacientie ipsius habere documenta et resurrectionis consortia mereamur. — Deus, a quo et Iudas reatus sui penam et confessionis sue latro premium sumpsit, concede nobis tue propiciacionis affectum, ut sicut in passione sua Ihesus Christus dominus noster diversa utrisque intulit stipendia meritorum, ita nobis ablato vetustatis errore resurrectionis gratiam largiatur. Per.

Alia. Respice domine super (hanc) 53) familiam tuam, pro qua dominus noster Ihesus non dubitavit manibus tradi nocentium, et crucis subire tormentum. Per.

Deus, qui per unigenitum tuum eternitatis nobis aditum devicta morte reserasti, vota nostra, que preveniendo aspiras, etiam adiuvando prosequere. Per.

Alia. Concede, quesumus, omnipotens deus, ut, qui unigenitum tuum redemptorem nostrum ad celos ascendisse credimus, ipsi quoque mente in celestibus habitemus. Per.

Alia. (*Folio* 134ᵛ) *Collecta.* Sancti spiritus domine. Deus, qui ad eternam vitam in Christi resurrectione nos reparas, erige nos ad considentem in dextera tua nostre salutis auctorem, ut qui propter nos iudicandus advenit, pro nobis iudicaturus adveniat Ihesus Christus filius tuus dominus noster. Qui tecum. Actiones nostras, quesumus, domine.

Collecta. Concede, quesumus, omnipotens, sanctum nos spiritum votis promereri sedulis, quatinus eius gratia ab omnibus liberemur temptationibus et peccatorum nostrorum indulgenciam consequamur. Per dominum.

P. Dominus illuminatio mea. *A.* Domine pater et deus vite mee, ne derelinquas me in cogitatu maligno, extollentiam oculorum meorum ne dederis mihi, et desiderium malignum averte domine, aufer a me concupiscentiam, et animo irreverenti et infruncto ne tradas me domine. *R.* Emitte mihi domine spiritum sapientie de sede magnitudinis tue, ut mecum sit et mecum laboret, ut sciam, quid acceptum sit coram te omni tempore. *V.* Da michi domine sedium tuarum astitricem sapientiam, ut sciam, quid acceptum sit coram te o t. *A.* O sapientia.

(*Folio* 135 ʳ) *Pro congregatione monachorum.* — *P.* Qui regis Israel. *Oratio.* Deus, qui renunciantibus seculo mansionem paras in celo, dilata sancte congregationis Sconaugie et omnium monachorum atque sanctimonialium sperantium in nostris orationibus habitaculum temporale celestibus bonis, ut fraterne teneantur compagine caritatis unanimes continentie, precepta regule teneant, sint simplices et quieti, gratis sibi gratiam cognoscant fuisse, concordet illorum vita cum nomine, professio sentiatur in opere. Per.

Alia. Precamur te domine pro fratribus et sororibus nostris, ut indulgentiam eis tribuas peccatorum, et opus bonum in eis perficias, misericordiam concedas, fide, spe et caritate repleas, mentem eorum ad celestia desideria erigas, ab omni adversitate defendas et ad bonam perseverantiam perducas. Per.

In honore passionis domini. P. Deus Ihesus meus respice. P. In te domine speravi, ne c. in iust. l. me.

A. Cum audisset populus, quia Ihesus venit Iherosolimam, acceperunt ramos palmarum et exierunt ei obviam, et clamabant pueri dicentes: Hic est, qui venturus est [36] in salutem populi, hic salus nostra et redemptio Israel, quantus est iste, cui throni et dominationes occurrunt. Noli timere filii Syon, ecce rex tuus venit tibi *(Folio 135ᵛ)* sedens super pullum asine, sicut scriptum est. Salve rex, fabricator mundi, qui venisti redimere nos.

A. Ante sex dies sollempnis Pasche, quia venit dominus in civitatem Iherusalem, occurrunt ei pueri et in manibus portabant ramos palmarum, et clamabant voce magna, dicentes: Osanna in excelsis, benedictus qui venisti in multitudine misericordie. Osanna in excelsis. *A.* Dum fabricator mundi [37] mortis supplicium pateretur, in cruce clamans voce magna tradidit spiritum, et ecce velum templi divisum est, monumenta aperta sunt, terre motus factus est magnus, quia mortem filii dei clamabat mundus, se sustinere non posse. Aperto ergo lancea militis latere crucifixi domini exivit sanguis et aqua in redemptionem salutis nostre. *A.* Salvator mundi salva nos. Kyrieleison. Christeeleison. Pater noster. *V.* Diviserunt sibi. *V.* Dederunt in escam. Deus, quem amare et diligere iusticia est, ineffabilis gratie tue in nobis dona multiplica, ut qui nos fecisti morte filii tui sperare, quod credimus, fac nos eodem resurgente pervenire, quo tendimus. Qui tecum.

Deus, qui innocens pro impiis pati et pro sceleratis [38] indebite condempnari voluisti, concede, quesumus, ut passionis tue annue venerationem amplectimur ad resurrectionis tue sortem pertingere mereamur. Qui tecum.

(*Folio* 136ʳ) Christe, qui es verus largitor et indultor lucis eterne, dignare me indignam famulam tuam exaudire clamantem et orantem per os psalmos ad te orantem pro peccatis meis maximis et minimis et pro salute anime mee et pro incolomitate corporis mei, seu etiam et pro longanimitate vite mee, et ad redemptionem quietis sempiterne, et gaudii indeficientis, quod preparasti diligentibus te. Exaudi me domine peccatricem famulam tuam per os psalmos invocantem te pro parentibus meis ac familiaribus meis et pro cunctis vivis et defunctis famulis et famulabus tuis, qui se indignis precibus meis commendaverunt, sive pro his, qui me facultatum suarum partibus sustentaverunt aut consanguinitate vel compassionis affectu mihi propinqui sunt, et qui mihi familiaritate aut dilectione coniuncti sunt. Imprimis quidem pro regibus nostris, pro episcopis et pro abbatibus et pro omnibus, qui in sublimitate sunt, et pro omnibus iustorum congregationibus, nec non et pro his omnibus, domine, quibus aut opere aut voluntate mea debens existo, seu universaliter pro cunctis Christianis fidelibus vivis ac defunctis. Presta illis domine omnibus, qui boni sunt, ut in bono perseverent, et qui negligentes [59]) sunt, ut per tuam misericordiam mereantur reverti ad veram penitentiam, ut non pereant, et qui de hoc seculo discesserunt, tribue illis (*Folio* 136ᵛ) per tuam clementiam refrigerium sempiternum. Tu domine, clementissime pater, dignare cognoscere omnium eorum nomina. O domine magne et misericors pie et exaudibilis, mihi indigne famule tue cum his omnibus, sicut tu vis, et sicut scis, necessarium mihi esse, miserere hic et in futuro. Per Christum dominum. — Domine Ihesu Christe, qui mundum proprio cruore redemisti et gloriosas palmas in crucis patibulo configi permisisti, miserere mihi, que sum oppressa facinore et pondere nequiciarum multarum, et quando veneris iudicare vivos et mortuos et seculum per ignem, obsecro te, ut tunc a flammis ultricibus sancta crux me eripiat atque ab ira agni defendat. Minima enim sum omnium ancillarum tuarum et peccatrix corde, ore, mente, manu et totius corporis gestu, hoc sum semper memorans, quanta bonitate nos tu conditor creasti, et quanta pietate nos redemisti, cum ab inferni carcere et gehenne flamma nos liberasti. Et nunc bone salvator deprecor, ut des mihi requiem illam, quam fidelibus tuis promiseras te daturum in arce polorum. Interim quoque, quam divisum in hoc corpusculo, dirige me in semita recta, fide catholica, sustenta me firma spe, refice me tua dilectione et da mihi hu-

Folio 137' militatem, patientiam, abstinentiam, castitatem, sobrietatem, prudentiam,[60] iustitiam, fortitudinem et temperantiam, largire sine domine spiritum sapientie et intellectus consilium et fortitudinis, scientie et pietatis atque timoris tui. Ut per crucem passionis tue ipse sis mihi in refrigerium in via, quia desidero requiem habere, presta, ut in te gaudenter tecum permaneam in eterna leticia. Qui vivis.

Domine Ihesu Christe, qui manus tuas in cruce posuisti et tuo sanguine redemisti nos, da mihi usum penitentie et abstinentie, lumen, sensum et intellectum et scientiam veram et longanimitatem et bonam perseverantiam usque in finem. Domine deus pater omnium redemptor captivorum, quia humiles exaltas et superbos inclinas, doce me in veritate tua, et tolle me de partibus inferni. Domine Ihesu Christe adoro te, qui in cruce ascendisti et spineam coronam in capite portasti, deprecor te, ut ipsa crux liberet me de angelo percuciente. Adoro te in cruce vulneratum, felc et aceto potatum deprecor te, ut tua vulnera sint remedium anime mee. Adoro te in sepulchro positum, exoro te, ut tua mors sit vita mea. Adoro te, qui descendisti ad inferos et liberasti captivos, deprecor te, ut non me dimittas introire in infernum. Adoro te, qui ascendisti in celum, et sedes ad dexteram[61] patris, deprecor te, miserere mei.[62] Adoro te venturum in iudicio iudicare vivos et mortuos, deprecor te, ut in tuo adventu non intres in iudicium cum me peccatrice, sed exoro clementiam tuam, ut antea mea dimittas peccata, quam ad iudicium iudicare venias. Amen.

XVIII. Gebet zu den hl. Drei Königen.

(*Folio* 147') Rex Melchior, cui deus concessit mentis[3] et corporis caniciem. Ut tunica regis indutus iacinctina et pallio polimito ducatu stelle pannis cum involutum cerneres, quem corde et auro sempiternum et regem regum profiteris, tibi supplico pro necessitatibus meis.

Rex Aspar, quem iuvenem et iocundum et indutum[64] bissina veste respiciente ad sacerdotem[65] cadem stella nutu dei illuc perduxit, ubi infantem nostri temporis et in presepi vagientem cum videres, quem verum sacerdotem et sine tempore deum mente ac thure venerans et assis et miserere necessitatum mearum.

Rex Baltasar, qui niger et rubea tunica indutus et calciamentorum varietate eadem stella⁶⁶⁾ dono dei securus et per mirram eius incarnationem, eius crucem, et sanguinem figurasti, quem inmortalem que (m)⁶⁷⁾ divine nature, quem ineffabilis potentie cognovisti, te rogo pro peccatis et negligentiis meis. Vos singularia nomina, vos communiter rogo, vos, inquam, ternos per sanctam trinitatem rogo vos reges per regem regum, quem oculi vestri videre meruerunt, rogo, ut misereamini⁶⁸⁾ tribulationum mearum, et intercedite pro me ad eum, cuius presentie desiderio exules facti estis. Quos (*Folio* 147ᵛ) per angelicam ammonitionem de reditu ad Herodem eripuit.⁶⁹⁾ Penam merui, veniam peto. Afflictione digna sum, absolutionem posco. Vos beatissimi reges modo succurrite, modo pro me aurum, thus et mirram offerte deo, proponite sibi suam benignitatem, vestrum exilium, fragilitatem meam, assumite vobis ductricem piissimam eius genitricem Mariam et commonete eum per sanguinem quem ex ea assumptum, ipse est ille, cuius potestas, cuius imperium nec modo nec numero, nec origine nec termino concluditur Amen. Omnes gentes. Deus iudicium. Inclina domine. Magi videntes stellam. Reges Tharsis et insu. (D)eus illuminator omnium g. In nomine s. a. ductoris illorum. Benedixisti. Deus sancte. (D)omum tuam domine quesumus clementer ingredere, et infidelium tuorum cordibus perpetuam construe mansionem, omniumque in hunc locum venientium ita corda illuminare dignare, ut nunquam ea minister tenebrarum se gaudeat possidere. Per. Domine quis ha. Iudica me domine. (D)ominus illuminator. (B)enedic anima mea. (L)audate dominum in celis. (K)yriel. (P)ater noster. Domine dilexi. Ne per· (*Folio* 148ʳ) das cum. Unam pecii a domino. — (D)eus omnipotens, qui celestia simul et terrestria moderando complecteris, ne intres in iudicium cum me misera ancilla tua, que pollutis labiis et inmundo corde nomen tuum tremendum, quod est super omne invocare presumo, sed exaudi me in domo tua hac, cuius festa recolimus et omnes ad eam venientes tibique in hoc loco supplicantes libens protege, clementer exaudi et manu forti et brachio extento de excelso celorum habitaculo nunc manufacto a cunctis protege, que merentur adversis et fratrum et sororum nostrarum animas, quorum reliquie in ista continentur ecclesia, rore misericordie tue perfunde meque peccatricem pro eis orantem nunquam ab hac vita paciaris egredi, antequam in hoc seculo cuncta, que fallente diabolo peccata contraxi, ita defleam, ut in futuro non habeam, quod

40

in me de suis malis inimicus inveniat, sed nec flamma, quod exurat.

(P)er sanctam dedicationem huius sacri templi exaudi me miseram et famulos et filias tuas et omnes fideles tuos et animas filiorum filiarumque tuarum et omnium fidelium defunctorum ab ira et indignatione tua et a perpetua dampnatione (*Folio* 148ᵛ) et ab omnibus peccatis et angustiis libera nunc et in perpetuum. Amen.

(F)ili dei ante tempora genite, idemque filius virginis factus in tempore, qui licet ubique presens omnia continendo impleas, atque trinam rerum machinam eterno iure possideas, nostri tamen causa domum tue maiestatis in terris edificari voluisti, in qua plebs fidelis te adorandum confluendo sueque fidei et devotionis munus tibi deferendo remedium animarum omniumque a te promereri possent levamen tribulationum, obsecro te per sacrum tue incarnationis misterium, per quod tu rex eternitatis particeps factus es nostre infirmitatis, et per dilectionem tue intacte genitricis, cuius puellarem uterum sancto spiritu inlustratum congruum tue sanctitati habitaculum elegisti, ut in hac domo orationis tuo sancto nomini dedicato me ultimum ecclesie tue sponse membrum e adorantem clementer exaudire et de quacunque tribulatione ad te clamantem pio semper digneris fovere et consolari.

(*Folio* 149ʳ) (T)u domine, qui scis omnia, antequam fiant, et quem nullum latet secretum, quique omnem nostre fragilitatis indigentiam prenoscis, antequam rogeris, miserere mihi indigne peccatrici in omnibus anime et corporis necessitatibus, non sicut mea exigunt merita, sed sicut placeat pietati tue, meeque necessarium sit fragilitati et tu pater altithrone, pater sancte, pater iuste, qui cum coëterno filio equalis spiritui sancto supra altitudinem celorum regnas in unitate trinitatis angelicis vocibus sine intermissione laudaris, terrestrium quoque delectare obsequiis, et protege domum istam ad laudem et gloriam tue maiestati edificatam, omnes, quos huius diem dedicationis devota mente celebrare vel te in hac domo laudare atque benedicere conspicis, gracia tue lenissime pietatis ab omnibus instantis vite periculis protege, nec non asscriptos in numero electorum perduc ad gaudia civium supernorum per unigenitum filium tuum dominum nostrum. Amen. A)donay domine deus inmense et incommutabilis, incircumscripte et inconprehensibilis, per cuius sancti nominis invocationem hoc altare ex terrena materia constructum in celeste misti- (*Folio* 149ᵛ) cumque sacramentum est conversum, te solum adoro, te unum in trinitate confiteor, tibi gratias ago, omniumque fecisti, ex quo dixisti : Fiat lux, quia omnia in sapientia et vero iudicio fecisti. Te laudo in gloriosis beate Marie meritis intemerate virginis, per quam nobis contulisti gaudia eterne beatitudinis. Te magnifico in miranda felicitate angelicorum spirituum, quos ad laudem et gloriam tue sancte maiestatis mirabili natura inmortalitatis condidisti, quo tue inmortali divinitati inmortales non deessent ministri. Te glorifico in sanctis tuis, quos tanta gloria sublimasti, ut non solum eorum inmortales [70] . . . tecum letantur in eterna felicitate, sed etiam luteorum fragmenta corporum in altaribus seu in sacrariis tibi dedicatis honorifice servantur supplicique fidelium obsequio venerantur, per horum merita obsecro te mitissime deus, ut eadem gratuite pietatis gratia, qua illos preveniendo provexisti ad promerendam tante dignitatis gloriam, me, inter diversos presentis vite tumultus fovendo digneris adiuvare, ne peream. Tu sedes super Cherubin domine intuens (*Folio* 150ʳ) abyssos, exaudi preces tuorum fidelium coram hoc altare ad te clamantium, miserere omnium vivorum atque defunctorum in te sperantium, te confitentium, et fac nos illorum ubique presidio muniri, illorumque gaudio eternaliter perfrui, quorum reliquie in ista continentur ecclesia et quorum memoria in hac veneratur ara tibi ad laudem et gloriam. Per.

Insignes dei fili coheredes gloriosique angelorum concives, quorum hic memoriam supplici veneramur obsequio, et quorum patrocinio tueri letamur, et omnes sancti, quos ante constitutionem mundi providentia sancti patris ad vitam predestinavit et in fine seculi gratia filius dei redemit intervenite pro nobis adhuc in dubio positis, et ferte opem miseris diversis temptationum adversitatibus periclitatis, et dum nos cum Christo eterna patria letamini, pie recordamini conservorum in hac peregrinatione gementium, nec patiamini nos auram felicitate separari in celis, qui pro vestra gloria deum laudamus in terris. D. pi. R. R. p. el. t. X. O. p. R. O.

XIX. *Officium defunctorum.*

(*Folio* 155ᵛ) *Vigilia mortuorum.* A. Placebo domino in regione vivorum. P. Dilexi quem. A. Heu me, quia incolatus meus prolongatus est. P. Ad dominum cum tribularer. A. Dominus custodit te ab omni malo, custodiat animam tuam dominus. P. Levavi oculos.

A. Si iniquitates observaveris domine, domine, quis sustinebit? *P.* De profundis. Domine. *A.* Operam manuum tuarum, ne despicias. *P.* Confitebor. Requiem eternam. *P.* Magnificat. *A.* Omne, quod dat mihi pater, ad me veniet et eum, qui venit *(Folio* 156ʳ) ad me, non eiciam foras. Pater noster. *P.* Lauda a. *P.* Nisi quia. Requiem eternam. — *P.* Dirige domine deus meus in conspectu tuo viam meam. *P.* Verba mea. *A.* Convertere domine et eripe animam meam, quoniam, non est in morte, qui memor sit tui. *P.* Domine, ne in furore. *A.* Ne quando rapiat, ut leo, animam meam, dum non est, qui redimat, neque qui salvum faciat. *P.* Domine deus meus. *V.* Dirige domine deus meus in conspectu.

Parce michi domine, nichil enim sunt dies mei. Quid est homo, quia magnificas eum, aut quia ponis erga eum cor tuum? Visitas eum diluculo, et subito probas illum. Usque quo non parcis michi, nec dimittis me, ut gluciam salivam meam? Peccavi: quid faciam tibi o custos hominum? Quare posuisti me contrarium tibi et factus sum michimet ipsi gravis? Cur non tollis peccatum meum, et quare non aufers iniquitatem meam? Ecce nunc in pulvere dormiam, et si mane me quesieris, non subsistam.⁷⁰⁾ R. Scio enim, quia redemptor meus vivit et in novissimo de terra surrecturus sum. Et rursum circumdabor pelle mea, et in carne mea videbo deum. V. Surgent mortui et resurgent, qui in monumentis sunt, audient vocem dei et letabuntur. Et rursum.

R. Scio enim quia redemptor meus vivit et in novissimo de terra surrecturus sum. Et rursu circumdabor pelle mea. Et in carne mea videbo deu. V. Surgent mortui et resurgent qui in monumentis sunt audient vocem dei et letabunt. Et rursu.

(Folio 156ʳ) Tedet animam meam vite mee, dimittam adversum me eloquium meum. Loquar in amaritudine anime mee, dicam deo: Noli me condempnare! Indica michi cur me ita iudices. Numquid bonum tibi videtur, si calumnieris et opprimas me opus manuum tuarum, et consilium impiorum adiuves? Numquid oculi carnei tibi sunt, aut sicut videt homo et tu videbis? Numquid sicut dies hominis dies tui et anni tui sicut humana sunt tempora, ut queras iniquitatem meam, et peccatum meum scruteris, et scias, quia nichil impium fecerim, cum sit nemo, qui de manu tua possit eruere? R. Manus tue domine fecerunt me et plasmaverunt me totum⁷²⁾, ego autem homo natus de muliere brevi vivens tempore⁷³⁾ peccavi, iniquitatem feci in conspectu tuo. V. Dum veneris iudicare, noli me condempnare, ne gaudeat inimicus meus super me. In conspec.

R. Manus tue dne fecerunt me et plasmaverunt me totu ego aute homo natus de muliere breui uiuens tempore peccaui iniquitate feci in conspectu tuo. V. Dum ueneris iudicare noli me condepnare: ne gaudeat inimicus meus sup me. In conspec.

Manus tue domine fecerunt me et plasmaverunt me totum in circuitu, et sic repente precipitas me. Memento, queso, quod sicut

44

lutum feceris me, et in pulverem reduces me. Nonne sicut lac mulsisti me, et sicut caseum me coagulasti? (Folio 157ʳ) Pelle et carne vestisti me, ossibus et nervis compegisti me. Vitam et misericordiam tribuisti mihi, et visitatio tua custodivit spiritum meum. R. Memento, queso, domine, quod sicut lutum feceris me, et in pulverem reduces me, nonne sicut lac mulsisti me et sicut caseum me coagulasti, pelle et carne vestisti me, ossibus et nervis compegisti me? V. Vitam et misericordiam tribuisti mihi et visitatio tua custodivit spiritum meum. Nonne. A. In loco pascue ibi me collocavit. P. Dominus regit me. A. Delicta iuventutis mee et ignorantias meas ne memineris domine. P. Ad te domine levavi. A. Credo videre bona domini in terra vivencium. P. Dominus illuminatio. V. A porta inferi erue domine.

Responde michi, quantas habeam iniquitates et peccata, scelera mea et delicta mea ostende michi. Cur faciem tuam abscondis, et arbitraris me inimicum tuum? Contra folium, quod a vento rapitur, ostendis potentiam tuam, et stipulam siccam persequeris. Scribis enim contra me amaritudines, et consumere me vis peccatis adolescentie mee. Posuisti in nervo pedem meum, et observasti omnes semitas meas, et vestigia pedum meorum considerasti, qui quasi putredo consumendus sum, et quasi vestimentum, quod commeditur a tinea.⁷⁴) R. Redemptor meus vivit et in (Folio 157ᵛ) novissimo resurgam et renovabunt denuo ossa mea, et in carne mea videbo dominum meum. V. Lauda anima mea dominum, laudabo dominum, in vita mea, psallam deo meo quamdiu ero. Et reno.

℟ Redemptor m̄ ī ī uī ⁊ in
nouissimo resurgā ⁊ renouabunt̄ derūo ossa
mea ⁊ in carne mea uidebo dn̄m meū. ℣ Lau
da ā īa mea dn̄m laudabo dn̄m ī uita
mea psallam deo meo quā diu ero. Et reno

*Homo natus de muliere, brevi vivens tempore, repletur multis
miseriis, qui quasi flos egreditur et conteritur et fugit velud umbra,
et numquam in eodem statu permanet. Et dignum ducis, super
huiuscemodi aperire oculos tuos, et adducere cum tecum in iudicium?
Quis potest facere mundum de immundo conceptum semine? Nonne
tu, qui solus es? Breves dies hominis sunt, numerus mensium eius
apud te est. Constituisti terminos eius, qui preterire non poterunt.
Recede paululum ab eo, ut quiescat, donec optata veniat sicut mercenn-
arii dies eius.*[75] *R.* Quomodo confitebor tibi domine deus meus:
quando veneris in iudicio tuo, quia cor meum mundum non custo-
divi, animam meam in carne positam pollui, templum corporis mei
de opere iniquitatis coinquinavi, precor te domine, antequam discutias me, miserere mei. *V.* Licet peccavi, tamen te creatorem
meum non negavi ideoque precor.

℟ Quomodo confitebor tibi dn̄e de
m̄ quando ueneris in iudicio tuo quia cor
meū mundū non custodiui animā meam in car
ne posita pollui templū corporis mei de opere
iniquitatis coinquinaui precor tę dn̄e antequm
discutias me miserere mei ℣ Licet peccaui
tam̄ te creatorem meū non negaui ideoq̄. p̄cor

*Quis michi hoc tribuat, ut in inferno protegas me et abscondas
me, donec pertranseat furor tuus, et constituas mihi* (Folio 158ʳ) *tempus, in quo recorderis mei? Putasne mortuus homo rursum vivat?
Cunctis diebus, quibus nunc milito, exspecto donec veniat inmutatio
mea, vocabis me, et ego respondebo tibi. Operi manuum tuarum
porriges dexteram. Tu quidem gressus meos dinumerasti, sed parce
peccatis meis.*[76] *R.* Deus eterne, in cuius humana condicio potestate
consistit, animas omnium fidelium defunctorum, quesumus, ab omnibus absolve peccatis, ut penitentie fructum, quem voluntas eorum

optavit preventi mortalitate non perdant. *V*. Qui in cruce positus latronem sero penitentem suscepisti, eorum precamur pie peccata dilue, ut peni. *A.* Complaceat tibi domine, ut eruas me, ad adiuvandum me respice. *P.* Exspectans. *A.* Sana domine animam meam, quia peccavi tibi. *P.* Beatus, qui intelligit. *A.* Sitivit anima mea ad deum vivum, quando veniam et apparebo ante faciem domini. *P.* Quemadmodum. *V.* Requiem eternam.

Spiritus meus attenuabitur, dies mei breviabuntur, et solum michi superest sepulchrum. Non peccavi, et in amaritudinibus morabitur oculus meus. Libera me domine et pone me iuxta te, et cuiusvis manus pugnet contra me. Dies mei transierunt, cogitationes mee dissipate sunt, tor- (Folio 158ᵛ) quentes cor meum. Noctem verterunt in diem, et rursum post tenebras spero lucem. Si sustinuero, infernus domus mea est, et in tenebris stravi lectulum meum. Putredini dixi: Pater meus es, mater mea et soror mea vermibus, ubi est ergo nunc prestolacio mea et pacientia mea.⁷⁷⁾ Tu es domine deus meus. *R.* Ne tradas domine bestiis animas confitentium tibi, et animas pauperum tuorum ne obliviscaris in fine. *V.* Memorare, que sit substantia nostra domine, et quia non vane constituisti omnes filios hominum. Et.

Pelli mee consumptis carnibus adhesit os meum, et derelicta sunt tantummodo labia circa dentes meos. Miseremini mei, miseremini mei saltem vos amici mei, quia manus domini tetigit me. Quare persequimini me sicut deus, et carnibus meis saturamini? Quis mihi tribuat, ut scribantur sermones mei? Quis mihi det, ut exarentur in libro stilo ferreo et plumbi lamina, vel certe sculpantur in silice? Scio enim, quod redemptor meus vivit et in novissimo die de terra surrecturus sum, et rursum circumdabor pelle mea, et in carne mea videbo deum. Quem visurus sum ego ipse et oculi mei conspecturi sunt et non alius. Reposita est (Folio 159ʳ) *hec spes mea in sinu meo.*⁷⁸⁾ R. Cognoscimus domine, quia peccavimus, veniam petimus, quam non meremur, manum tuam porrige lapsis, qui latroni confitenti paradisi ianuas aperuisti. *V*. Vita nostra in dolore suspirat et in opere non emendat, si exspectas, non corrigimur, et si vindicas, non duramus. Manum. — *V*. Absolve domine animas eorum ab omni vinculo delictorum, non eas tormentum mortis attingat, non reorum catena constringat, sed miseracio tua in pacis eas ac lucis regione constituat. *V*. Sique illis sint domine digne cruciatibus culpe, tu eas gratia lenitatis indulge. Non eas.

Vir fortissimus Iudas collatione facta duodecim milia dragmas argenti misit Ierosolimam offerre ea tibi pro peccatis mortuorum, iuste et religiose de resurrectione cogitans. Nisi enim eos, qui ceciderant resurrecturos speraret, superfluum videretur, et vanum orare pro mortuis. Sed quia considerabat, quod hi, qui cum pietate dormitionem acceperant, optimam haberent repositam gratiam, sancta ergo et salubris cogitatio pro defunctis exorare, ut a peccatis solverentur. *R*. Libera me domine de morte eterna in die illa tremenda, quando celi movendi sunt et terra. (*Folio* 159ᵛ) Dies illa, dies ire, dies calamitatis et miserie, dies magna et amara valde. Quando. *V*. Horrendum est, incidere in manus dei viventis, nam manifeste veniet deus noster et non silebit ignis, in conspectu eius ardebit, et in circuitu eius tempestas valida, que prorsus examinat, quos ignis exurat. In.

Heu, quod potentes, heu, quod nobiles in die illa peribunt, quod divites et sapientes lugebunt, o mundi gloria res miseranda et transitoria, ve illis, qui diligunt ea. *V*. Ardentes anime flent sine fine, flent sine fine, ambulant per tenebras, dicuntque singule: Ve, ve, ve! quante sunt tenebre! *V*. Magna et miranda sunt iudicia tua domine, qui non derelinquis sperantes in te, libera nos in tempore angustie. *V*. O pastor bone, pastor eterne, pastor clementissime, qui saluti ovium tuarum non parcens anime redemisti eas proprio sanguine, memor esto congregationis nostre, et oves lapsas in viam salutis eterne restitue, et ad pascua perpetui convivii perducere dignare. Quando. *V*. Oremus dei filium et omne agmen celicum mitem dei genitricem animarum salvatricem apostolos et martires, confessores et virgines, monachos atque viduas, omnium fidelium turmas, ut deum patrem pro cunctis rogent in fide defunctis. Q(ando.) Creator omnium rerum deus, qui me de limo terre formasti et (*Folio* 160ʳ) mirabiliter proprio sanguine redemisti, corpusque meum licet modo putrescat, de sepulchro facias in die iudicii resuscitari, exaudi, exaudi me, et animam meam in sinu Abrahe patriarche tui iubeas collocari. Quando. *V*. Audivi vocem de celo dicentem: Beatus. Pater noster. *P.* Ad dominum cum tribularer. *P.* Domine, quod m. *A.* Exultabunt domine ossa humiliata.

Mat. laus. P. Miserere. *A.* Exaudi orationem meam, ad te domine omnis caro veniet. *P.* Te decet. *A.* Me suscepit dextera tua domine. *P.* Deus deus meus. *P.* Deus misereatur. *A.* Eruisti domine animas eorum, ne perirent. *P.* Ego dixi. *A.* Omnis spes laudet dominum. *P.* Laudate dominum. *V.* In memoria eterna erunt iusti ab audicione. *P.* Benedictus. *A.* Ego sum resurrectio et vita, qui credit in me, etiam si mortuus fuerit, vivet et omnis qui credit in me, non morietur in eternum. Pater noster. *P.* De profundis. *P.* Usquequo.

Pro familiaribus. Propiciare, quesumus, domine animabus famulorum famularumque tuarum N. misericordia sempiterna, ut mortalibus nexibus expeditas lux eas eterna possideat. Per.

Pro anniversariis. Deus indulgentiarum domine, da fidelibus tuis N., quorum anniversarium deposicionis diem commemoramus, refrigerii sedem, quietis beatitudinem luminis, claritatem. Per. [79)]

Omnipotens sempiterne deus, cui nunquam (*Folio* 160ᵛ) sine spe misericordie supplicatur, propiciare animabus famulorum famularumque N., ut qui de hac vita in tui nominis confessione discesserunt, sanctorum tuorum numero facias aggregari. Per. —

Pro fratribus et sororibus. Deus venie largitor et humane salutis amator, quesumus clementiam tuam, ut nostre congregationis fratres et sorores, qui ex hoc seculo transierunt, beata Maria semper virgine intercedente ad perpetue beatitudinis consortium pervenire concedas. Per. —

Pro femina. Deus domine, pro tua pietate miserere animabus famularum tuarum N., et a contagiis mortalitatis excitas in eterne salvationis partem restitue. Per.

Pro parentibus. Inclina domine aurem tuam ad preces nostras, quibus misericordiam tuam suppliciter deprecamur, ut animas famulorum famularumque tuarum N., quas de hoc seculo migrare iussisti, in pacis ac lucis regione constituas. Per. —

Animabus, quesumus, domine, famulorum famularumque tuarum N. parentum meorum misericordiam concede perpetuam, ut eis proficiat in eternum, quod in te crediderunt, speraverunt et crediderunt. Per. —

Deus, cuius misericordie non est numerus, suscipe propicius preces (*Folio* 161ʳ) humilitatis nostre et animabus, que nobis in orationem commendate sunt, et quarum utimur elemosinis, quibus tui nominis dedisti confessionem, cunctorum remissionem tribue peccatorum. Per. —

Deus, cui proprium est, misereri semper et preces exaudire supplicantium, propiciare animabus famulorum famularumque tuarum N., ut te miserante a peccatorum vinculis absolute ad eterne beatitudinis requiem pervenire mereantur. Per. —

Communis. Fidelium deus omnium conditor et redemptor, famulorum [81] famularumque tuarum N. et omnium fidelium defunctorum remissionem cunctorum tribue peccatorum, ut indulgentiam, quam semper optaverunt, piis supplicationibus consequantur. Qui cum deo patre et spiritu sancto vivis et regnas deus per omnia secula seculorum. Amen.

Requiescant in pace. Amen. [81]

Pater deus miserere mei et dimitte mihi omnia peccata mea et scelera mea. Fili redemptor mundi deus miserere mei, et erue me a malis, que cottidie accrescunt super me. Spiritus sanctus, illuminator animarum nostrarum deus, miserere mei, et non (*Folio* 161ᵛ) secundum peccata mea retribuas mihi. Sancta trinitas clementissima et inseparabilis unitas, miserere mei, et ne des me in obprobrium propter nomen tuum sanctissimum. Qui es trinus et unus deus misericors, miserere mei, et da pacem mihi perpetuam, et libera me in tempore tribulationis et angustie mee. Redemptor mundi deus miserere mei, et erue me a malis, quoniam tibi soli peccavi. Liberator mundi deus miserere mei, et converte luctum meum in gaudium. Illuminator mundi deus illumina cor meum de tua gratia. Sancta et intemerata virgo Maria domina gentium ora pro nobis filium tuum. Sancte dei archangele Michahel dux belli, qui assistis summo principi, ora pro me. Omnes sancti angeli et archangeli, troni et dominationes, principatus et potestates, virtutes celorum, Cherubin et Seraphin intercedite pro me. Sancte Johannes precursor domini, virgo martir, deoque amabilis ora pro peccatis meis. Sancte Petre, princeps apostolorum, solve vincula delictorum meorum. Sancte Paule vas electionis et doctor gentium intercede pro me. Omnes sancti apostoli et evangeliste cum omnibus discipulis discipulabusque domini nostri Jesu Christi orate pro me. Sancte Stephane protomartir Christi preciose intercede.[82] (*Folio* 163ʳ) Sancte Vincenti inclite testis memento mei in conspectu domini. Omnes sancti martires, qui corpora vestra pro Christo ad varia tormenta tradidistis, orate pro me. Sancte Remigi confessor domini gloriose ora pro me. Sancte Nicolæ cum omnibus Christi confessoribus pium ora pro me deum. Sancta Maria Magdalena tuis intercessionibus pium placare dei filium. Sancta Margareta ora pro me dominum Jhesum Christum. Sancta Christina ora pro me. Sancta Lucia martir invictissima ora pro me. Omnes sancti et electi dei, quorum quarumque nomina in libro vite scripta sunt, orate pro me. Propicius esto, exaudi et adiuva me domine. Propicius esto et dele iniquitates meas domine. Gratiam et misericordiam tuam concede mihi domine. Salutem et sanitatem corporis et anime dona mihi domine. Spem firmam, fidem rectam credulitatemque perfectam auge michi domine. Ab hoste malo et ab omni malo et a laqueis diaboli et ab insidiis[83] et temptationibus eius libera me domine. Per sanctam incarnationem tuam et per gloriosam nativitatem et sanctam passionem et piissimam mortem sanctamque resurrectionem nec non in celos admirabilem ascensionem tuam libera me domine. In adventu tuo secundo libera. Ut michi spem certam, fidem catholicam dones, te rogo audi me domine. Ut cunctorum in me (*Folio* 163ᵛ) monstra viciorum mortifices, te rogo [audi] me[84] domine. Ut michi per incarnationem unigeniti tui introitum in sanctorum sancta pandas, te rogo audi me. Ut per hoc sacramentum conscientiam meam purifices te rogo, audi me. Ut per hoc misterium animam releves, te rogo audi me. Ut terribile misterium non sinas mihi fieri ad iudicium, te rogo audi me. Ut post huius vite decursum requiem sempiternam mihi dones, te rogo audi me. Fili dei, te rogo, audi me. Agne dei, qui tollis peccata mundi, miserere nobis, et da mihi indulgentiam. Christe audi me. Kyriel. Christiel. Kyriel.

Ego dixi: domine miserere mei, sana animam meam, quia peccavi tibi. Delicta iuventutis mee et ignorantias meas ne memineris. Domine non secundum peccata. Ab occultis meis munda me. Ne reminiscaris domine delicta mea vel parentum meorum neque vindictam sumas de peccatis meis. —

XX. *Gebete zum hh. Leibe Christi.*

Ante Eucharistiam. Domine deus benignissime pater da michi facinorose et omni nequicia peccati pollute per tuam misericordiam hodierna die corpus et sanguinem unigeniti filii domini nostri ita sumere, ut per hoc merear innumerabilium peccatorum meorum veniam a te piissimo pastore in hac die suscipere, et tuo sancto spiritu repleri et ab eo custodiri, qui es benedictus in secula seculorum. —

(*Folio* 164ʳ) Domine Jhesu Christe fili dei vivi, qui et voluntate patris de celo descendisti, te supplex et humilis queso, ut in hac die et in hora exitus mei sanctum corpus sanguinemque tuum cum tibi placita devotione et digna reverentia fideliter ac feliciter percipere merear, piissime Christe, ut michi sit dux et viaticum et lucerna lucens et illuminans animam meam usque ante conspectum divine maiestatis tue. Amen.

Domine sancte pater omnipotens eterne deus per immensam clementiam tuam et propter multitudinem misericordie tue et per intercessionem beate Marie semper virginis atque omnium sanctorum tuorum concede michi indigne famule tue, ut hodie corpus et sanguinem unigeniti filii tui domini nostri Jhesu Christi ita suscipiam, ut per hoc indulgentiam et remissionem omnium peccatorum meorum percipere merear, et tuo sancto spiritu repleri, quia tu es deus verus et preter te non est alius, cuius nomen gloriosum permanet in secula seculorum. Amen.

In hora percipiendi. Presta, quesumus, omnipotens deus, ut plena gratia et illuminatione scientie cum fide et sanctificatione accedam ad perceptionem sanctissimi corporis et sanguinis tui, ut proficiat michi ad indulgentiam et [85] remis- (*Folio* 164 ᵛ) sionem peccatorum, non ad dampnationem in die judicii. Salva.

Ecce Ihesu benignissime, quod concupivi, iam video, ecce rex clementissime, quod desideravi, iam teneo, hinc te queso iungar in celis, quod corpus et sanguinem tuum cum omni gaudio quamvis indigna suscipio in terris. Amen.

Ave in evum sanctissima caro, in perpetuum summa dulcedo, ave in eternum celestis potus michi ante omnia et super omnia dulcis. Amen. [86]

Post acceptionem. Auge in nobis domine, quesumus, per hec sacramenta, que sumpsimus, fidem firmam, spem certam, caritatem perfectam, obedientiam deo placitam, voluntariam paupertatem, voluntatem bonam, contemptum mundi, amorem eterne vite, veram humilitatem, perseverantiam in bonis operibus, mortificationem proprie voluntatis, et spiritus sancti lucem in cordibus nostris semper accende.

Perceptio sacratissimi corporis et sanguinis tui, quam indigna sumere presumpsi, non proveniat michi ad iudicium nec ad condempnationem, sed pro tua pietate prosit mihi ad tutamen mentis et corporis in vitam eternam. Amen.

Domine Ihesu Christe fili dei vivi, corpus tuum pro nobis crucifixum edimus et sangui- (*Folio* 162 ʳ) nem tuum pro nobis effusum bibimus, fiat nobis corpus tuum et sanguis tuus ad remissionem peccatorum, hic et in eternum. Amen.

In purificatione sanctae Mariae.

Concentu paruuli sui te Maria veneratur ipsis regi pius colit cordibus. Generosi Abrahae tu filia veneranda regia de Dauidis stirpe genita. Laetare mater uirgo nobilis Gabrielis archangelico cuius oraculo credula genuisti clausa filium. In cuius sacratissimo sanguine emundatur uniuersitas perditissimi generis ut promisit de Abraham. Tu uirga arida Aaron flore speciosa te figurat maria sine uiri semine nato floridam. Tu porta iugiter serata quia exibit uere testatur maria soli domino puta esse crederis. Sed tu tamen matris uirtutum dum nobis exemplam cupisti commendare subisti remedium possitis statutum matribus. Ad templum detulisti tecum mundandum qui tibi integritatis decus deus homo genitus adauxit intacta genitrix. Laetare quam scrutator cordium & renum probat habitatu proprio singulariter digna sancta maria. Erutea cui paruuli arrisit tunc maria qui laetari genitum & consistere suo nutu tribuit. Ergo quia colimus festa paruuli christi propter nos facti eiusque piae matris mariae. Si nondum possumus tanta exequi paruuli humilitatem forma sit nobis eius genitrix. Laus patri ergo qui suum filium genitus ad populum regelans ipsi nos sociat. Laus et filio qui suo sanguine nos patri concilians supernis sociauit ciuibus laus quoque sancto spiritui sit per aeuum.

in assumpt[ione]

Congaudent angelorum chori gloriose virgini. Que sine virili commixtione genuit filium qui suo mundum cruore medicat. Nam ipsa letatur quos celi iam conspicat principe. Interris cui quondam sugendas virgo mamillas prebuit. Quam celebris angelis maria ihesu mater creditur. Qui filii illius debitos se cognoscunt famulos. Qua gloria incelis sita virgo colit. Que domino celi prebuit hospicium sui sanctissimi corporis. Quam splendida polo stella maris rutilat. Que omnium luminum astris et hominum atque spirituum genitrix. Te celi regina hec plebecula piis concelebrat ritibus. Te cantu melodo sup ethera una cum angelis elevat. Te libri virgo concinunt prophetarum chorus iubilat sacerdotum apti tipice martires predicat. Te plebis servus sequitur utriusque vita diligens virginalem celicolas incastimonia emulans. Ecclesia ergo cuncta te cordibus teque carminibus celebrat. Tibi suam manifestat devotionem precatu te supplici maria. Ut sibi auxilio circa christum, in pdium esse digneris p[er]petuum
rati

in nativitate S[anctae]

Stirpe o maria regia. Procreata o marie regem generans ihesum. Laude digna angelorum sanctorum. Et nos peccatores tibi devoto intuere benigna. Tu pios patrum moras ostentas inte sed excellis eosdem. Patris tui salomonis inte lucet sophia. Et ezechie apud deum cor rectum sed numquam inte corruptendum. Patris iosye ad implevit te religiositas. Summi etiam patriarche te fides totam possedit patris tui. Sed quid nos istos recensemus heroas. Cum tuus natus omnis precellat illos atque cunctos p[er] orbem. Nos hac die tibi gregatos serva virgo inlucem mundi quia prodisti paritura celeste lumen.

de S̄c̄ā, oratio

Aue preclara maris stella in lucem
gentium maria diuinitus orta. Tu
ge dei porta que non aperta ueri-
tatis lumen ipsum solem iusticie inditurum
carne ducis morbem. Virgo decus mundi
regina celi preelecta ut sol pulchra lunaris
ut fulgor agnosce omnes te diligentes.
Te plenam fide uirgam alme stirpis iesse
nasciturum priores desiderauerant patres e[t] p[ro]phete. Te lignum uite sc̄o ro-
rantis pneumate paritura diuini floris amig-
dalum signant gabriel. Tu agnum regem terre dominā moabytici de petra deserti ad
montis filie syon transduxisti. Tu[us]q[ue] furen-
te leuiathan serpente tortuosumq[ue] & uectem
colludens dampnoso crimine mundū exemisti.
Hinc gentium nos reliquie tue sub cultu me-
morie murum in modum quem es eius propiciacionis agnum regnante celo eternaliter deuocamus ad aram mactandum mysteria-
liter. Hinc manna uerum israhelitis ueris
ueri abrahe filiis ad mirantib[us] quondam
moysi quod typus figurabat iam nunc ab-
ducto uelo datur perspici ora uirgo nos u-
uo pane celi dignos effici. Fac fontem dulcem quem in deserto petra p[ro]monstrauit
degustare cum sincera fide renesq[ue] con-
stringi lotos in mari anguem eneum in
cruce speculari. Fac igni sc̄o patrisq[ue]
uerbo quod rubus ut flammā tu portas
u[t] uirgo mater facta peculiali pelle dis-
cinctos pede mundis labiis cordeq[ue] pro-
pinquare. Audi nos nam te filius nihil
negans honorat. Salua nos ihū pro quib[us]
mater uirgo te orat. Vt a fonte boni ui-
sere. Vt a puros mentis oculos in te defi-
gere. Xp̄i austini fidem apostribus redi-

mire beatoq; fine exitui in colatu seculi auctor
ad te transire.

Aue dei genitrix summi. Virgo semper
maria stella maris preluciada. Et piaq;
decus mundi salus & domina. E[ss]e nam
beata meruisti que parere regem dulcissimu[m].
ui[?] nunc regnu[m] dominando p[er] possides. ut ma
ter filiu[m]. Q[u]ia ppt[er] p[er]rogita[m] ut p[ro] n[ost]ris scele
ribus tuu[m] interpelles nat[um] qui negare
nil tibi uult. Fac ut p[er] ip[s]ius benignitate[m]
& tua merita. O mn[iu]m det nobis in ista uita
scelerum ueniam. V[t] t[e] int[er]pedente, t[em]poq;
donante. Actus malos & prauos uitare pos
simus. Et p[re]sentem uitam in laude dei.
ualeamus ultra semp ducere. Post que huius
finem uita beata G[a]udenies mereamur t[ecum]
possidere. T[u] n[o]s s[an]c[t]a teothecos gloriose tri
nitati commenda. C[ui] est inuina deitat[e] ho
nor potestas & maiestas gl[or]ia laus & om[n]ia
per secula.

de sp[irit]u s[an]c[t]o.

Sancti spiritus assit nobis g[rati]a. Que
corda nostra sibi faciat habitaculum.
E[x]pulsis, ut decunctis uiciis spiritualib[us]. Spiritu
alme illustrator hominu[m]. Horridas n[ost]re
mentis purga tenebras. A[m]ator s[an]c[t]e sen
sat[e] semper cogitatuu[m]. Infunde unctio
nem tua[m] clemens n[ost]ris sensib[us]. Tu purifica
tor o[m]ni[u]m flagiciorum sp[irit]us. P[ur]ifica n[ost]ri
oculum interioris hominis. Ut uideri suppre
mus genitor possit a nobis. M[un]di cordis que
soli cernere possunt oculi. P[ro]phetas tu in
spirasti ut p[re]conia xpi p[re]cinuissent inclu
ta. A[po]st[o]los confortasti uti tropheum xpi
per totum mundum ueherent. Quando
machinam per uerbium suu[m] fecit d[eu]s celi ter

XXI. Verschiedene Gebete.

(*Folio* 167 ʳ) *De sanctis, quorum reliquie in ecclesia continentur.*
Oratio. Concede, quesumus, omnipotens deus, ut sancta dei genitrix Maria sanctique tui apostoli, martires, confessores, virgines atque omnes sancti, quorum reliquie in ista continentur ecclesia, suo patrocinio nos ubique advenient, quatinus hic in illorum suffragio tranquilla pace in tua iugiter laude letemur. Per.

De omnibus sanctis. — Concede, quesumus, omnipotens, ut intercessio sancte dei genitricis Marie sanctorumque omnium spirituum, patriarcharum, prophetarum, apostolorum, martirum, confessorum, virginum et omnium electorum tuorum nos ubique letificet, ut dum eorum merita recolimus patrocinia sentiamus. Per.

Item de omnibus sanctis. — Deus, qui nos beate Marie semper virginis et beatorum spirituum, patriarcharum, prophetarum, apostolorum, martirum, confessorum, virginum, omniumque simul sanctorum continua letificas memoria, presta, quesumus, ut quos cottidiano veneramur officio, etiam pie conversationis sequamur exemplo. Per.

(*Folio* 167 ʳ). *Post communionem.* -- Per virtutem huius sacri misterii tui domine, et per manum sancti angeli tui repelle a me et a cunctis servis et ancillis tuis durissimum spiritum superbie et cenodarie, invidie et blasphemie, fornicationis et inmundicie, dubietatis et diffidentie. Rex virginum, amator castitatis et integritatis deus, celesti rori benedictionis tue extingue in me totum fomitem ardentis libidinis, ut maneat in me tenor totius castitatis corporis et anime. Mortifica in menbris meis carnis stimulos, omnesque libidinosas commotiones, et da michi veram et perpetuam castitatem cum ceteris donis tuis, qui tibi placeant in veritate. Repelle a me insidiantes michi hostes, recedant procul a presentia potentie tue, ut foris et intus munita per te recto tramite ad regnum (*Folio* 167 ʳ) tuum perveniam, ubi non in misteriis, sicut in hoc tempore agitur, sed facie ad faciem te videbunt, cum tradideris regnum deo patri, et erit a .... omnia in omnibus. Tunc enim me de te saciabis sacietate mirifica, ita ut neque esuriam neque siciam amplius in eternum. Amen.

(*Folio* 168 ʳ). — Domine deus pater omnipotens, eterne, ineffabilis sine fine, absque inicio, quem unum in trinitate et trinitatem in unitate confitemur, te invoco, te adoro, te queso, illustra faciem tuam super servum tuum N. et ne eum domine paciaris perire, quem dignatus es proprio sanguine redimere. Summus et omnipotens genitor (*Folio* 168 ᵛ) qui cuncta creasti, in manus tuas commendo corpus et animam famuli N. Nichil, te queso, in eo proficiat inimicus, quem redemit sanguine proprio verus eterni patris filius. Esto ei domine turris fortitudinis ab omnium inimicorum insidiis per intercessionem venerabilis Marie virginis, tue gloriose matris. Mitte dominum sanctum angelum tuum de celis, qui eum ab antiqui hostis et humanis defendat insidiis, per intercessionem omnium supernorum civium salvum fac domine servum N. Cetus omnis angelicus, gloriosus apostolorum chorus, prophetarum laudabilis numerus, martirum candidatus exercitus, preclari confessores domini et virginalis castitas, semper et ubique eum sub sue protectionis munimine conservent illesum. Postque huius vite finem sic animam eius claris celorum reddant astris, ut nesciat, quod terret in tenebris, quod stridet in flammis, sed sacer angelicus deducat eum ad ethera cetus, ubi eternum sit ei atque perpetuum gaudium, et quod ei gracia tua contulit, et quod misericordia reformavit. Per dominum.

Anmerkungen.

1) Diese Sequenz ist erwähnt *Folio* 132 v des Codex. cf. Roth, Elisabeth, p. 213 und 216 unter 12.
2) Dem Stile und den Redewendungen nach rühren diese Sequenzen von Abt Ekbert her.
3) Psalm 103, 1—6.
4) Rothe Schrift, der Rest zu 1½ Zeilen abgerieben.
5) Ms. Iimmaculata. (!)
6) Ms. dissoluta (!).
7) Ms. seculi. (!)
8) Ms. to (!) Der Rest des Wortes ging beim Einbinden verloren.
9) Ms. sepulcrhum. (!)
10) Beide Stücke IV und V deuten auf Ekbert als Verfasser hin.
11) Bis dahin auch in Roth Elisabeth p. 286, Zeile 3 von unten gedruckt. Das sodann Folgende fehlt in der Vorlage des Abdrucks (*Folio* 98 des Codex und hat andern Schluss. — cf Roth, p. 286—87. — Verfasser ist Ekbert.
12) Der Schluss hievon steht *Folio* 167 v, da der Codex falsch gebunden war, als ich denselben erhielt und auch 1879 wieder so gebunden wurde. Die Zusammengehörigkeit gibt nicht allein der Context an, sondern auch die Schrift, welche einerlei für IV und V ist. Verfasser ist Ekbert.
13) Ms. secli. (!)
14) Ioh. 15, 26—27, 16, 1—4.
15) Ms. perhibent, dasselbe vom Schreiber getilgt und darüber corr. dant.
16) Ms. firmento. (!)
17) Ioh. 3, 8.
18) Wahrscheinlich ist dieses ein dem Kloster Schönau eigenthümliches Officium; die Verehrung der hl. Dreifaltigkeit stand wenigstens in Schönau zu Elisabeths Zeiten in hoher Blüthe.
19) Das Eingeklammerte roth durchstrichen im Ms.
20) Das ganze Gebet his ierit mit dünner rother Linie durchstrichen.
21) Von ierit bis quia te dick roth durchstrichen, an der mit Punkten bezeichneten Stelle desshalb drei Worte unlesbar, von *Folio* 23 v an wieder dünn roth durchstrichen.
22) Dem Stile nach gehören diese 4 Stücke Ekbert an.
23) Alles unter IX mitgetheilte von einer Hand geschrieben.
24) Dieses Psalterium (Breviarium) ist in seiner Eintheilung für Geschichte des Benedictinerbreviers interessant. Es bildet die Psalmen 1—117 nach dem biblischen Texte und gleichen Reihenfolge. Psalm 8 und 9 sind nicht abgetheilt im Ms. Die Psalmen von 50 zu 50 unterscheidet ein grösserer Initial. Psalm 118 zerfällt in mehrere durch Initialen bezeichnete Unterabtheilungen von je 8 Versen, 148, 149 und 150 sind nicht abgetheilt, so dass 150 Psalmen erscheinen, aber anders eingetheilt.

25) Als Anhänge folgen 12 Stücke. Das erste ist das Canticum Ysaie (Jesai 12, 1—6.)
26) Cantic. Ezechie (Iesai. 38, 9—20).
27) Cantic. Anne. (Sam. 1, 2, 1—10).
28) Cantic. filiorum Israel (Exod. 15, 1—19.)
29) Cantic. Abbacuc (Hab. 3, 1—19).
30) Cantic. Moysi (Deut. 32, 1—43 incl).
31) Hymnus Ambrosianus.
32) Hymnus.
33) Cant. Zacharie (Luc. 1, 68—79).
34) Cant. b. Marie (ibid. 1, 46—55).
35) Cant. Symeonis (ibid. 2, 29—32).
36) Hymnus.
37) Lucas 23, 42—43.
38) Die hier genannte L. (Liudgardis?) ist wohl die erste Meisterin Schönau's, oder die dritte, die Nachfolgerin und Verwandte Elisabeths, vielleicht aber auch nur eine Elisabeth Nahestehende.
39) Nach seminasti ein Wort oder gar eine ganze Zeile mit Bimsstein abgeschliffen. Der Text setzt sich *Folio* 168 r fort, da der Codex falsch gebunden ist.
40) Im Ms. über tue von ähnlicher Hand als Variante: vel famule tue.
41) Verfasser dieses Gebets ist wohl Ekbert.
42) Ms. Admtte. (!)
43) Ms. Ece. (!)
44) Ms. confivificavit. (!)
45) Ms. nativitatem darüber vom Schreiber: commemorationem.
46) Ms. dilimus. (!)
47) Ms. nost. (!)
48) Ms. nacetur. (!)
49) Math. 1, 18.
50) Ms. Batus. (!)
51) Ms. habitabit. (!)
52) Ioh. 1, 14.
53) Ms. meam. (!)
54) Luc. 1, 30—31.
55) Ms. hanc verkratzt.
56) Ioh. 12, 12—15.
57) Ueber den Worten dum—mundi rothgeschriebene Neumen.
58) Ms. celeratis. (!)
59) Ms. neglates oder neglites. (!)
60) Ms. prudentia. (!)
61) Ms. adexteram. (!)
62) Ms. mee. (!)
63) Ms. mentis mentis. (!)
64) Ms. indu dutum. (!)
65) Ms. sacerdotum. (!)
66) Ms. stellam. (!)

67) Ms. que. '
68) Ms. miseramini. (!)
69) Bis dahin auch in Roth, Elisabeth p. 176 gedruckt, aber einiger Druckfehler halber und um das Ganze zu bieten, hier wiederholt.
70) Ein Wort radirt und unlesbar.
71) Iob. 7, 16—21.
72) Iob. 10, 1—8.
73) ibid. 14, 1.
74) Iob. 13, 22—28.
75) Ioh. 14, 1—6.
76) Iob. 14, 13—16.
77) Iob. 17, 1—3, 11—16.
78) Iob. 19, 20—27.
79) Aehnlich so die Trierer Agende.
80) Ms. o famulorum. (!)
81) Trierer Agende.
82) Der Text setzt sich *Folio* 163r fort, da 162 falsch gebunden ist.
83) Ms. oinsidiis. (!)
84) Ist audi zu ergänzen.
85) Unten am Rande von gleicher Hand: Tu es Christus filius vivi, qui precepto patris mundum salvasti, salva me domine Iesu.
86) Wohl Verse einer Sequenz und durch Striche abgetheilt.

ANLAGEN.

NACHTRÄGE

zu:

DIE VISIONEN DER HL. ELISABETH

UND DIE SCHRIFTEN DER

ÄBTE EKBERT UND EMECHO VON SCHÖNAU

VON

F. W. E. ROTH.

BRÜNN 1884.

Aller Mühe ungeachtet ergaben sich nach Erscheinen dieser Schrift noch folgende Nachträge, die ich zur gefälligen Benützung hier anfüge.

Zu *pag. IX.* Graf Drutwin heisst in dem Schönauer (verlorenen) Seelbuch zum 25. August: fundator ecclesie et monasterii. — Arnoldi, Nassau-Oranien 3, 2, 100—101.

Zu *pag. XXIII.* Eine buchbinderisch behandelte Beschreibung des Ms. A. ist folgende. Lagen zu 8 Blatt ohne Signaturen. An Quaternio 1 ist das Vorblatt von Lage 2 abgeschnitten, an Lage 1 fehlt das Schlussblatt. Der liber III revelationum endet *Folio* 82^r, Blatt 82^v und 83^r mit Neumen beschrieben, deren Text am Rande beim Binden beschnitten. Blatt 83^v Bild. Nach 82^v ein Falz oder Rest eines ausgeschnittenen Blatts, Schnitte noch sichtbar. Die Visionen scheinen früher einen besonderen Band gebildet zu haben, Eintheilung, Liniirung etc. jedoch sonst gleich mit dem Reste des Ms. Der liber viarum und die Legende St. Ursulæ bildet ein Ganzes, der Brief Ekberts de S. Potentino von anderer Hand mit mehr Abkürzungen und braunerer Tinte eingefügt. Dicht damit zusammen hängt das Schreiben de obitu, dann zwei Falze, Schnitte noch sichtbar. Nach dem Papierblatt 153 noch die rohen Scheerenschnitte an dem Falze des ausgeschnittenen Blatts sichtbar.

Zu *pag. LV.* Die italienische Ausgabe der Schriften Elisabeths von 1589 ist mir nicht bekannt geworden, wohl aber eine solche von 1588. Vita della b. Vergine Gertruda, ridotta in cinque libri, ne quali si contengono le rivelationi della divina piatà, e perfettioni del Christiano con molto santi et pietosi ammustramenti. Trad. per V. Buondi. Aggiunt. gli essercitii di detta santa, et le rivelationi e visioni della b. Mettilde e della b. Elisabetta. 2 Theile 8vo. Venedig 1588. — Eine andere Ausgabe ist: Libro della spiritual gratia, della rivelationi e visioni della b. Mettilde vergine, con le visioni della b. Elisabetta monaca. Tradotto dal latino dal d. A. Ballardini etc. — Venedig, 1606. 4°. — Es sind diese beiden Schriften Uebersetzungen der von dem Carthäuser Joh. v. Landsperg († 1539) herausgegebenen lateinischen Offenbarungen Gertruds nebst Anhängen.

Zu *pag. LX. ff.* Ueber Elisabeth handeln: Electorum ecclesiasticorum id est Coloniensium, Moguntinensium ac Trevirensium à primis usque ad eos, qui iam praesident, Catalogus etc. Opera F. Petri Merssei Cratepolii Minoritae. Cöln 1580 kl. 8vo p. 273. His temporibus fuit illa S. Elizabeth a Schonaugia, virgo sancta corpore et spiritu. Haec ob miram animi sui puritatem saepius ab angelis est visitata ac consolata. Egit abbatissam sororum cœnobii Schonaugiensis, ordinis s. Benedicti, in finibus diœcesis Treverensis. Fuit anno 1156.

Elisabeth erscheint in dem 1700 auf Grund einer älteren Vorlage geschriebenen Seelbuch des Benedictinerklosters Rolandswerth bei Bonn mit dem Eintrage: XIIIj kal. Julii. Elisabeth monialis. — Annalen d. hist. Vereins f. den Niederrhein 19 (1868) *pag.* 207.

Das Chronicon monasterii Campensis ord. Cist. (Altencamp) 1098—1726 in Annalen des hist. Vereins für den Niederrhein 20 (1869) *pag.* 272 sagt zu 1149: Visiones sancte Elizabeth hoc tempore facte fuerunt. Et sancte Hyldegardis monialis.

Fratris Iacobi philippi Bergomensis ordinis fratrum Eremitarum diui Aug. in omni- moda historia nouissime congesta Supplementum Cronicarum appellata. liber primus : feliciter incipit. — *Folio.* — Impressum Brixie per Boninum de Boninis de Ragusia anno dni M. cccc. lxxxv die Primo Decembris.

Die Cölner Ausgabe 1628 nennt unter den Elogia als über Elisabeth handelnd: Ribera, Franciscus, vita Theresiæ lib. I cap. 1 und Fulgosius, Bapt. lib. 8, cap. 3. Es sind dieses die Werke: Ribera, Franc. s. I. Vita b. Theresæ de Iesu. Ex hisp. sermone in latinum convertit M. Martinez. Cöln 1620, 4° und Fulgosus, Bapt. de dictis factisque memorabilibus collectanea a Camillo Silino lat. facta. Parisiis 1518. 4°.

Iöcher, Gelehrtenlexicon (1726) I, 863.

Schröckh, Iohann Mathias, Christliche Kirchen-Geschichte. Leipzig 1799. 8vo. 28, 195, 28—31. Der Verkehr mit Hildegard und andern bedeutenden Grossen der Zeit und die Richtung der

Zeit liessen Elisabeths Schriften für acht (!) gelten. Ihre Phantasie war von der geh. Offenbarung des hl. Johannes erfüllt, der auch vieles nachgebildet ist.

Crombach, Ursula vindicata *pag.* 884 ff. liess ein Calendarium Ursulanum seu festa martyrium Ursulanæ sodalidatis per singulos menses distributa" abdrucken. Daselbst heisst es zum 18. Juni: Schonaugiæ obitus S. Elisabethæ, cui de Ursulanis virginibus et martyribus multa deus admiranda revelavit. — 27. Nov. Schonaugiæ translatio ss. Adriani decennis, Albinæ et Emerentianæ virginum et martyrum e sodalitate s. Ursulæ, qui hoc ipso die per visionem nomina sua declararunt S. Elisabeth c. 15. — 6. Octobris. In monasterio Schonaugiæ translatio ss. Caesarii et Verenæ v. et aliarum de societate XI. milium virginum. Additiones.

Zu *pag. CVI.* Elisabeth muss, obgleich bis jetzt jeder Anhaltspunkt an Acten hierüber mangelt, doch zu unbestimmter Zeit beatificirt oder doch ihr Cult kirchlich gebilligt worden sein, da sich Reliquien zu St. Jacob und in Brauweiler als verehrt finden. Nach dem chronicon Brunwylarense 1474—1525 cd. Godef. Eckertz in Annalen des hist. Vereins für den Niederrhein 19 (1868) *pag.* 255 zu 1507 weiht Weihbischof Theoderich v. Cyrene in Brauweiler einen Altar und Capelle, worin auch Reliquien de. s. Elisabeth Schonaviensi enthalten waren. Jedenfalls waren diese Reliquien durch Abt Johann von Schönau dahin gelangt, denn *pag.* 244 zu 1498 heisst es: Postea vero manus benedictionis (Abt Johann v. Wied zu Brauweiler) in nostro monasterio a reverendissimo domino Joanne Cyrenensi episcopo ipso die natalis beatissimi patris nostri Benedicti accepit in presentia venerabilium dominorum abbatum Adam S. Martini, Andree S. Panthaleonis in Colonia et Joannis Schonaviensis.

Auch in St. Jacob bei Mainz, Benedictinerordens, dessen Aebte vielfach wegen der Bursfelder Reformation mit denen Schönau's Ende des 15. Jahrhunderts verkehrten, waren Reliquien von St. Elisabeth. Der fleissige Pfarrer Severus von Walldüren hat uns in seinen Papieren zu Würzburg eine Accurata specificatio et designatio omnium sanctorum martyrum et aliarum reliquiarum nominatarum diligenter post inquisitionem repertarum in ecclesia regulari percelebris abbatiæ in monte specioso sancti apostoli Jacobi maioris Moguntiæ ordinis divi Benedicti sacræ congregationis Bursfeldensis iuxta monitionem reverendissimi vicariatus Moguntini signatum trigesimo Septembris anni praeterlapsi 1665 perfecte congesta et exhibita

14. Januarii incepti anni 1666 hinterlassen, die folgendes sagt: In eodem aediculo simul visuntur reliquiæ ss. Joannis Baptistæ praecursoris domini, Thomæ et Bartholomaei apostolorum, Marci evang. et Stephani protomartyris, Christophori, Laurentii et Petri exorcistæ martyrum, Gordiani et Epimachi mart., Innocentum puerorum, de societate undecim millium virginum mart., Benedicti abbatis, Hieronymi confessoris, Henrici imperatoris, Mariæ Magdalenæ, Luciæ virginis et martyris nec non Scholasticæ et Elisabethae Schonaugiensis virginum. — Zeit und Gelegenheit werden wohl noch andere Aufbewahrungsorte von Reliquien St. Elisabeths bekannt machen.

Zu pag. CXXVIj oben. Nach langem Suchen nach einem Officium auf Elisabeth erhielt ich vom verstorbenen geistlichen Rath J. Zaun folgendes aus Schönau stammendes, dem 15/16. Jahrhundert angehöriges Officium mitgetheilt.

In festo felicis Elisabethe abbatisse et virginis.

Duplex.

Omnia de communi virginum.

Ad Vesperas.

Ad Magnificat Antiphon, Elisabeth abbatisssa divinis revelacionibus illustrata vias domini revelavit.

Oratio.

Deus, qui beatam Elisabetham donis celestibus decorasti, adesto familie tue et tribue, quesumus, ut eius vestigiis insistentes a presentis seculi malicia ad lucem tuam transire dignaremur. Per dominum nostrum etc.

In secundo nocturno.

Lectio IV.

Elisabeth abbatissa sanctimonialium in Schonaugea ordinis divi patris Benedicti cum esset trium et viginti annorum angelica visitacione crebrius meruit consolari, et revelaciones crebras cepit habere divinitus, quas partim sermone latino, partim germanico conscripsit. Ekebertus vero frater eiusdem Elisabeth primum monachus postea vero abbas monasterii sancti Florini confessoris in Schonaugea, vir doctissimus, cum esset canonicus Bonnensis ecclesie epistolis sororis sue accessitus mundum pro Christi amore deseruit, eiusdem scripta et revelationes ornatiori stilo in eam formam, qua hodie aguntur, redegit.

Lectio V.

Quum Gerlacus abbas sancti Heriberti in Tuicio prope Coloniam divina voce admonitus multa corpora sanctorum martyrum de collegio undecim millium virginum temporibus Hunnorum apud Coloniam pro confessione Christi cesarum partim cum titulis inscriptis, partim sine inscriptionibus reperisset, earum complurium nomina beata Elisabeth divina revelacione edidit et per epistolas Gerlaco manifestavit. Anno vero millesimo centesimo sexagesimo quarto, die decimoquarto Calendas Julii etatis sue anno trigesimo sexta conversionis sue vero quarto et vicesimo migravit ad dominum, cuius venerabile corpus in abside aquilonari ecclesie monachorum Schonaugie summo cum honore sepultum est.

In tercio nocturno.

Lectio sancti evangelii secundum Mattheum.

Lectio VI.

In illo tempore dixit Ihesus discipulis suis: Simile est regnum celorum decem virginibus. Et reliqua.

Homilia sancti Augustini.

Ecce iste virgines stulte. Et reliqua.

Eine Vergleichung mit dem Officium des Limburger Propriums zeigt, dass das daselbst gegebene Officium auf diesem älteren beruht, aber erweitert ist. Das Limburger Officium leidet aber an mehreren Verstössen in Bezug auf Chronologie.

Dieses Officium nennt die nördliche Apsis in Schönau die Grabstätte Elisabeths, es muss daher, da Elisabeth zuerst vor dem Hochaltar, dann in der nördlichen Apsis beerdigt ward, diese Uebertragung schon vor Anfertigung dieses Officiums stattgefunden haben und die Erinnerung an die erste Grabstätte derselben in Schönau schon so erloschen gewesen sein, dass der Redacteur des Officiums diesen Fehler beging. cf. *pag. CXXVIj* unten.

Pag. 181—86. Zur Ursulaliteratur: Roseti Franc. Veronensis in Maurius. Venetiis, J. Tacuinus de Trindino 1532. 4° 60 Blatt. Lateinisches Gedicht in drei Gesängen auf St. Ursula, dem König Heinrich VIII. von England gewidmet. cf. Molini operette *pag.* 205 Nr. 382.

Segerus, Paulus, ord. Carmel. Sacrum viridarium Ursulanum continens preces horarias duplices, meditationes, orationes, rosaria ac litanias ad SS. Ursulam et undecim mille virgines ac martyres Colonienses. Coloniæ 1630. 16°.

Mercati, Guidob. Tragoedia overa Rappress. di S. Orsola di Brettagna. Serravalle 1605. 12°.

Balde, J. (Soc. Jesu) Opera poetica omnia nunc primum collecta. Monachii 1729. Darin VII. Band: Hymnus in honorem S. Ursulæ eiusque sociarum.

Winheim, Erh. ord. Carthus. Sacrarium Agrippinæ h. e. designatio ecclesiarum praecipuarum reliquiarum et antiquitatum. Coloniæ (Bernh. Gualterus) 1607 und Cöln. o. J. Steinhauss, Bibliopola unter fetten Hennen, 1736, — cf. pag. 186 (unvollständig).

Weyden, Ernst, Cölner Legenden und Sagen, 1840.

Becker, J. J. Ewiger Segen, in einer Sterb-Stund, welche Gott durch Ursulam und ihre heilige Gesellschaft allen denen ertheilet, die sich in ihren Schutz befehlen, absonderlich durch Einverleibung Ihrer Bruderschafft anjetzo zu Prag auffgerichtet bey dene Jungfrawen Ursulinerinnnen. Prag 1679. Mit Kupfern.

(Schardius), historicum opus in quatuor tomos divisum, quorum tomus I. Germaniæ antiquæ illustrationem continet etc. Basel.

(Henric Peter) *Folio* 1574. 1, *pag*. 319. Die Ursulalegende hat hier schon eine andere Gestalt als in der Fassung Elisabeths und hängt mit der Eroberung Armoricas zusammen. (Aus Trithems Buch, de origine Francorum, das daselbst abgedruckt ist.)

Die Bibliothek in Gotha besitzt nach Jacobs und Ukert Beiträge 2, 1, 141 in einem Sammelbande: Incipit passio sanctarum undecim milium virginum. Regnante domino nostro Jesu Christo, cum post passionem, resurrectionem et ascensionem eius etc. 5 Blatt. — Benützt sind die Revelationen St. Elisabeths in einer Hs. im Kl. Muri, die bis 1175 reicht, cf. Gerbert, Reisen 52. — Die lateinische Ausgabe dieser Schrift stand mir nicht zu Gebote.

Ueber die Verehrung der hl. Verena in Zurzach cf. Gerbert, Reisen. Ulm 1767. 8vo *pag*. 14—15.

In Crombach Ursula vindicata *pag*. 745 f. stehen die Namen der 11000 Jungfrauen und die Orte ihrer Aufbewahrung. In Schönau waren ein Theil des hl. Adrianus, die Albina war zu Crombachs Zeit noch daselbst, Caesarius miles, Constantin, Euticia infantula, Fenellina, Grata und Verena.

Ueber St. Cordula Gelenius de magnitudine Coloniae *pag*. 443. 444. Ueber die Entdeckung ihres Leichnams (1278 zum zweitenmal!) cf. chron. Brunwylarense in Annalen für den Niederrhein 17. 174. —

Mohr, Köln in seiner Glanzzeit. Köln 1885. *pag*. 207 ff. St. Ursula ad sanctas virgines (Reliquienschrein mit erotischen Darstellungen!). Ursula et ses onze mille vierges, ou l'Europe occidentale au milieu du Ve siècle. Monographie historique et critique par J. H. Kessel, docteur en théologie. Brüssel 1870. Uebersetzung von Kessels Buch durch Beetemé.

Der Convertit W. H. James Weale in seiner Skizze über Hans Memlinc, Brugge 1871, *pag*. 53, über ein Gemälde desselben: Memlinc ist der Legende gefolgt, so wie sie dem Volke bekannt war d. h. nach den Offenbarungen der hl. Eilsabeth von Schönau und des seligen Hermann Joseph von Steinfeld.

Zu *pag*. 187 ff. — Ekbert erscheint in dem Seelbuch des Klosters Rolandswerth bei Bonn mit dem Eintrage: V. kal. Aprilis, Eckebertus abbas in Schoynauwen, frater sanctæ Elisabeth eiusdem monasterii. — Annalen des historischen Vereins für den Niederrhein 19 (1868) *pag*. 201.

Ueber Ekbert handeln du Pin, Ellies, histoire des controverses et des matières ecclésiastiques traitées dans le douzième siècle. Paris 1699, 8vo 2, 623.

Crombach, Ursula vindicata *pag*. 56.

Ms. 30 in Wiesbaden (aus Schönau) sagt über Ekbert: Erckenbertus (!) monachus Schonaugiensis scripsit egregium librum, qui (!) intitulavit librum contra hereses katharorum, qui inquisitor heretice pravitatis Moguncie combussit XXVI et heresiarchum convertit. Item super magnificat tractatum, super: missus est angelus tractatus (!), contra Judeos, quem non finivit, sermones et omelias de sanctis et tempore per anni circulum quasi. Item alios plurimos tractatus. Item librum visionum sororis sue Elizabeth. Qui secundus abbas Schonaugiensis vixit anno domini M c lxx et preventus morte statim sublatus est.

Zu *pag*. 202. — Ueber eine 1144 zu Lüttich stattgefundene Ketzerei cf. den Brief der Lütticher Kirche an Papst Lucius II. 1144 in Martene-Durand, coll. ampliss. 1, 776—778. Ein gewisser Americus bekehrte sich. Die Lehre der Katharer in Lüttich betraf die Taufe, das Abendmahl, den Empfang des Geistes (Firmung), sie gaben an, nur bei ihnen sei die wahre katholische Kirche, sie verwarfen die Ehe, den Eid. Dieselben waren gerade wie die katholische Kirche organisirt und besassen Priester und Prälaten. Diese Angaben machte wohl Americus bei seiner Bekehrung. Dieser Brief ist für Ekberts Angaben über die Katharer von Belang, da sich die Angaben beider Berichte decken.

Zu *pag.* XXVI der Anmerkungen. Rainald von Dassel, Probst zu Hildesheim, dann Erzbischof von Cöln erhielt 1160 von dem Kloster Grafschaff ein Beglückwünschungsschreiben über die Wahl zum Erzbischofe. Martene-Durand, coll. ampl. 1, 853—56 aus einem Ms. zu Grafschaft.

Ueber Abt Reinhard von Reinhausen handelt Trithem in einem handschriftlichen Anhange zu seinem Werke de luminaribus Germanie.

Pag. LII ist in der Note zu *pag.* 226 nach nostra tibi das Wort portat einzuschalten.

Einige nicht in den Errata aufgeführte Druckfehler und Auslassungen ganzer Wörter im deutschen Texte kann ich hier nicht berichtigen und verweise auf eine in Aussicht stehende weitere Ausgabe des Ganzen.

I. O. G. D.

Amor patris et filii sacer totus totius
boni spiritus paraclitus. Fave clemens
tue laudi tue plebis uoces audi aspirator gracie. De thesauris trinitia-
tis uena torrens caritatis corda nostra
usore. Huc emerge dulcis flamma
lambe corda induraea fuga frigus
narium. Suauis auster illabere
gfla nos adustione amoris deifici.
Per te tibi unamur p̃ te nobis con-
nectamur caritatis federe. Colum-
ba simplex aduola fer oliuam intra
archam affer pacis gaudia. Lumen
uerum illucesce uiri nostri uario-
uesce lux creatrix luminū. Hec

TAFEL II.

est uita: temptuna te gustare et te uere
o etna ueritas. F lumen dei celo pdi
tu nos laua tu nos pota septiformi
gracia. S acru nobis da timorem
quo deponat cor tumorem turgens
in supbia. P ietate fac mansuetos
scientia uale letos pro luctu compluat.
F ortitudo ustos reddat consiliu iustus
addat miserendi gracia. I ntellectus
mentem munda sursum leuet ad
uidendu tuam deus faciem. S to in
pace solidata tibi pater conformata
dono sapientie. G raciarum actiones
cuncte tibi nationes reddant sce
spiritus. Q uas in fide congregasti

TAFEL III.

eo ad iussa reuocasti uirtute mirifica.
Verbo dei impregnasti et intactam conser-
uasti tenere uirgunculam. Ioh[ann]em
dum indicasti eum in ipso quieuisti
in columbę specie. Ignem caros
cristi in linguarum flammearum
dispartis formulis. Viros rudes et
despectos uerbis signis uita claros
tua fecit gracia. In his xpc alta
fregit. mundum uicit astra regit p[er]
te sancte spiritus. Odor tuus dulcis
pneuma trahit nos ad o[mn]i[po]t[entem] regn[u]m
regnaturos p[er] secul(a).
Tu p[ro]ph[et]as inspirasti p[er] quos rec-
tis min[i]s(as)li soluatoris gratiam.

TAFEL IV.

Redde m̄ leticiā falutar̄ | y sup̄ eū ridebt̄ ⁊ dicet.
Docebo iniqs uias tuas. | s est spaū ī mult̄ duitē suā.
Libera me de sanguin̄. | Ego aūt sic oliua fructifer̄a
D̄ne labia mea aperies ⁊ | ī domo d̄i spaui ī mı̄a.
Q̄m si uoluisses sacrificiū | Confitebor t̄ ī sc̄lm qa fecī.
Sacrificiū d̄o sp̄c c̄tribl̄ | sti. et expectabo nom̄. t.
Benigne fac d̄ne i bona | Quı̄d gloriāies ī cor̄. s. n.
Ut acceptabil̄ sacrificiū. | Corrupti sc̄ ⁊ ab-
                          | hominabil̄ facti s̄ ī uniq-
                          | tē q̄ faciat bonū.
                          | D̄s de celo pspext̄ sup filios.
                          | Om̄s declinauer̄t simul inu-
                          | tiles. f. s̄. n̄ e q̄. f. b. n̄ e. u. a. v.
                          | Nonne scient os q̄ op̄āt ini-
                          | q̄. q̄ deuor̄. p. m. ut. cib. p.
Q̄uid | D̄m n̄ inuocauer̄ illuc trepı̄.
gloriaris in | Qm̄ d̄s dissipau ossa eor q̄.
malicia q̄ poten̄s. | Q̄s dabit ex syon sal̄. ı̄sr̄l
Tota die iniusticiā | cū auerterit d̄ns cap. pleb.
cogitau lingua. t. | Deus ı̄ noı̄e tuo saluū
Dilexisti maliciā | D̄s exaudi orac̄
sup benignı̄. multat. | Q̄m aliēni ı̄turrexer̄t
Dilexisti om̄a uba p̄cıpī | Ecce en̄ d̄s adiuuat. m.
Pptea d̄s destr̄ te ı̄ fine | Auerte mala inimicis m.
Videbt̄ iusti ⁊ tımebt̄. | Voluntarie sacrificabo t.